ねこくらりえ

やればやせる!

38歳、挫折のプロでも
25kg減の続けられるダイエット

KADOKAWA

こんなに違う やせてから VS. 太っていたころ

朝起きたら…

太っていたころ

起床時間 9時過ぎ
起きたあと ソファでうだうだ
朝　食 抜くか、ソーセージやベーコン＋パン
飲み物 コーヒーのみ

やせてから

起床時間 6～7時
起きたあと 水をしっかり飲んで、宅トレ開始
朝　食 野菜たっぷりのごはん
飲み物 まず水を飲んでからコーヒーへ

食事は…

太っていたころ

回数 一日1～3回で、ダイエット中は抜くことも
時間 決まっていない
内容 インスタントラーメンや揚げもの、脂身肉
お酒 飲みたいだけ飲む

やせてから

回数 一日3回
時間 空腹を感じてから。夜は20時までを目標に
内容 野菜たっぷりで、たんぱく質や炭水化物もとれるごはん
お酒 週に2回程度

外出は…

フットワーク 重い
気持ち また太ったし、人に会うのが恥ずかしい
洋服 体形を隠す大き目ワンピースにペタンコ靴

フットワーク 軽い
気持ち 会いたい人に会えるのがうれしい
洋服 体のラインがきれいに出る洋服にヒールのある靴

写真に写る時は…

気持ち 自分の姿を残したくない……
エピソード「太さがバレないように写る」を追求し、端っこに顔の一部だけ写るテクニックを体得

気持ち ちゃんと思い出に残したい！
エピソード 好きな洋服を着て、同級生たちとの40歳の記念写真をプロのカメラマンに撮ってもらった

-25kg サイズダウンへの道のり

スタート時から現在に至るまで、サイズダウンの推移をお見せします。実際の宅トレメニューや食事の取り方のコツと合わせてご覧ください。

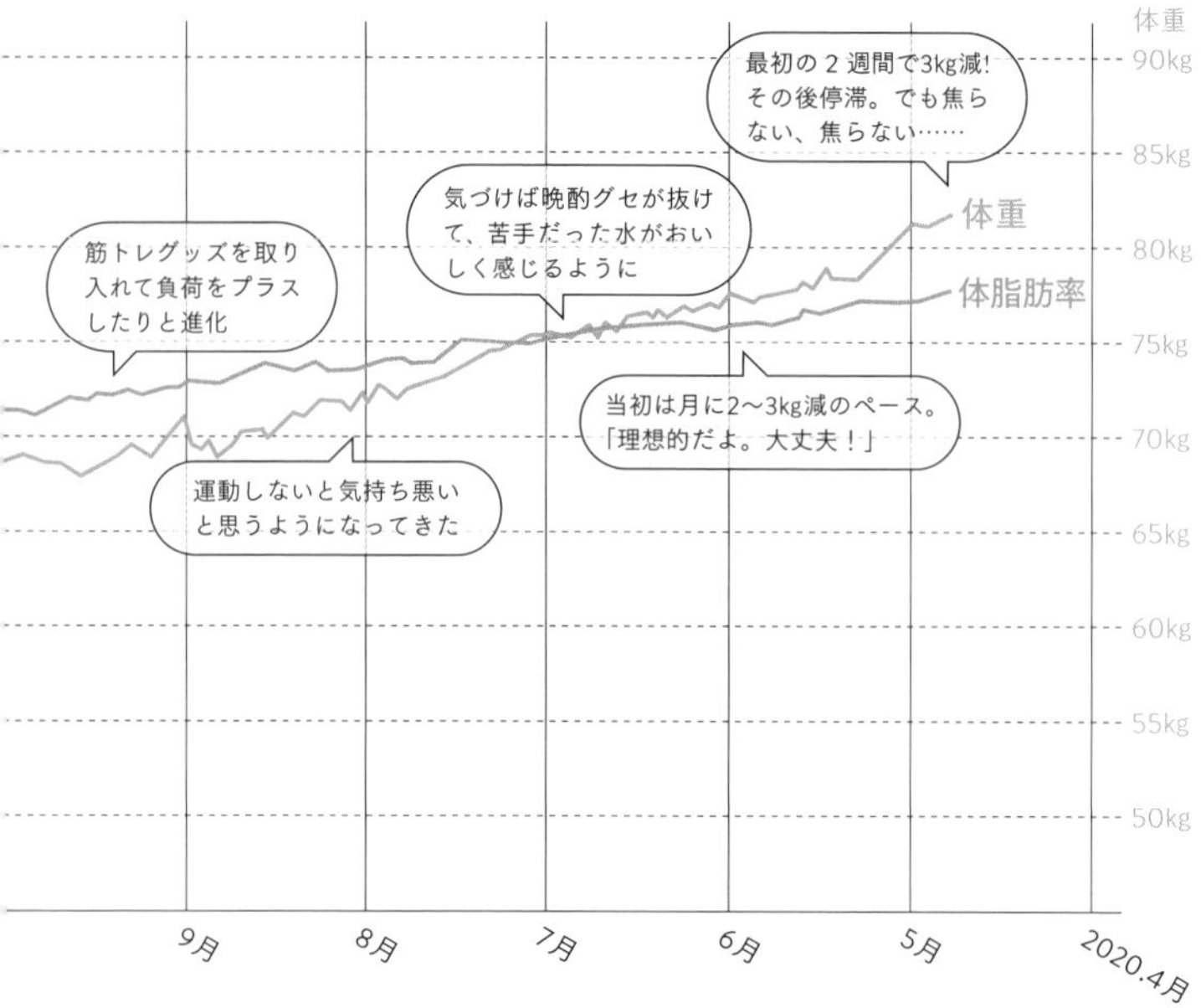
体重
90kg
85kg
80kg
75kg
70kg
65kg
60kg
55kg
50kg
体重
体脂肪率
最初の２週間で3kg減！その後停滞。でも焦らない、焦らない……
気づけば晩酌グセが抜けて、苦手だった水がおいしく感じるように
筋トレグッズを取り入れて負荷をプラスしたりと進化
当初は月に2〜3kg減のペース。「理想的だよ。大丈夫！」
運動しないと気持ち悪いと思うようになってきた
2020.4月
5月
6月
7月
8月
9月

2020年4月末スタート

START

（体脂肪率：43%）

むくみと脂肪で体全体がパンパン！ 82kgの重さに耐えられず、毎日膝が泣いていた。本当に続くかな、うまくいくかな、やせられるかなと、まだまだ自信なし。

2ヵ月後

-7kg

（体脂肪率：40%）

まだまだ変化の実感は薄いけど、写真を見たら体の幅と厚みが変わってきた！ 体重の小さな増減はあまり気にせず、日々の積み重ねが必ず結果になると信じてがんばるぞー！

3ヵ月後

-9kg

（体脂肪率：38.5%）

10年ぶりに体脂肪率が40％台脱出！ でも、３ヵ月たってちょっとお疲れモード。プランクをがんばりすぎて肘の皮がむけた。無理のないペースに改善していくことを決意。

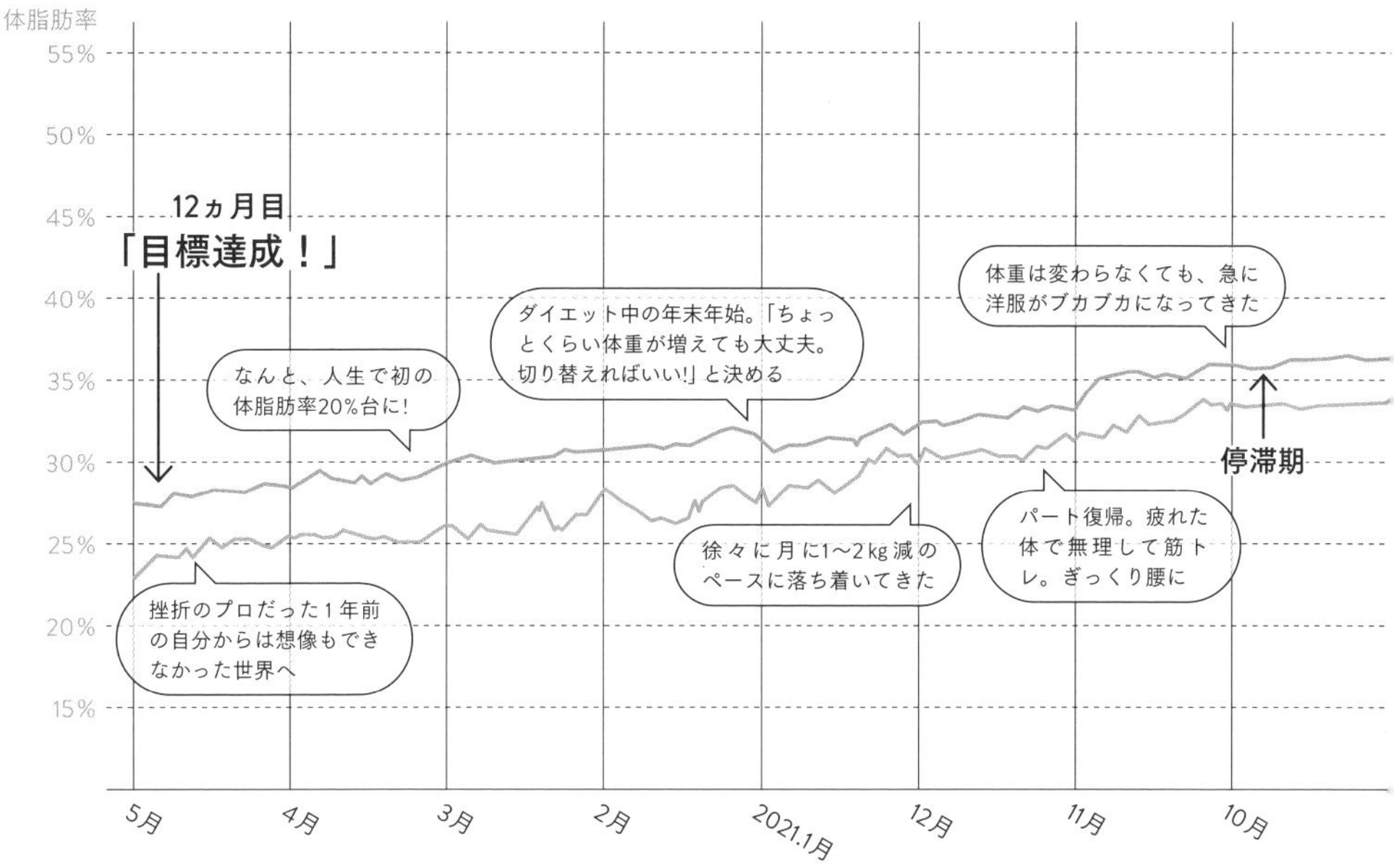
体脂肪率
55%
50%
45%
40%
35%
30%
25%
20%
15%
12ヵ月目
「目標達成！」
なんと、人生で初の体脂肪率20%台に!
ダイエット中の年末年始。「ちょっとくらい体重が増えても大丈夫。切り替えればいいい!」と決める
体重は変わらなくても、急に洋服がブカブカになってきた
停滞期
挫折のプロだった1年前の自分からは想像もできなかった世界へ
徐々に月に1〜2kg減のペースに落ち着いてきた
パート復帰。疲れた体で無理して筋トレ。ぎっくり腰に
5月
4月
3月
2月
2021.1月
12月
11月
10月

〜現在

-25kg

（体脂肪率：26%）

やせてボディラインを変える意識が芽生える。理想の体作りを新たな目標に設定。SNSでダイエット情報を発信するなど、自分を表現する新たな挑戦を楽しんでいる。

12ヵ月後

-24kg

（体脂肪率：29.5%）

−24kgの目標達成!! お腹にも背中にも筋肉がしっかり見える。大人の歯列矯正に踏み出すなど、自意識が変わり、これまでのコンプレックスに向き合う勇気が出たのがうれしい。

9ヵ月後

-19kg

（体脂肪率：31.6%）

なんとMサイズのパンツがはけた。思わず試着室でガッツポーズ。メンタルも穏やかで、新しい仕事に挑戦するなど、何でもやってみよう！と意識も前向きに変わってきた。

6ヵ月後

写真にもやっと変化が！
-15.4kg

（体脂肪率：34.8%）

体重の減少は停滞期なのに体のサイズダウンがすごい！ 急激に洋服がブカブカになり、宅トレ効果が一気に表れはじめた。仕事に復帰して、まわりの反応からやせたことを実感。

ダイエットのモチベをUP！

おまじないフレーズ

停滞期やモチベーションが下がってしまった時につぶやいていた、私オリジナルのおまじないフレーズをご紹介。辛い時は声に出してつぶやいてみてください。効果絶大ですよ！

なかなか効果が表れない時

私は赤ちゃん。焦らない。結果はおまけ

食事の管理や運動も自分は超初心者（いわば赤ちゃん級）と自覚を持つこと。だから、人より結果が出るのが遅くても運動がスイスイできなくたって当たり前。謙虚に少しずつ成長しましょう。

変な時間に食べたくなった時

この味は知ってる。記憶でいける

21時過ぎに無性にカップ麺を食べたくなったり、変な時に変な食欲が湧いたらつぶやいてみてください。食べたら絶対「だよね」って味だから、別に今食べなくても、と思えるはずです。

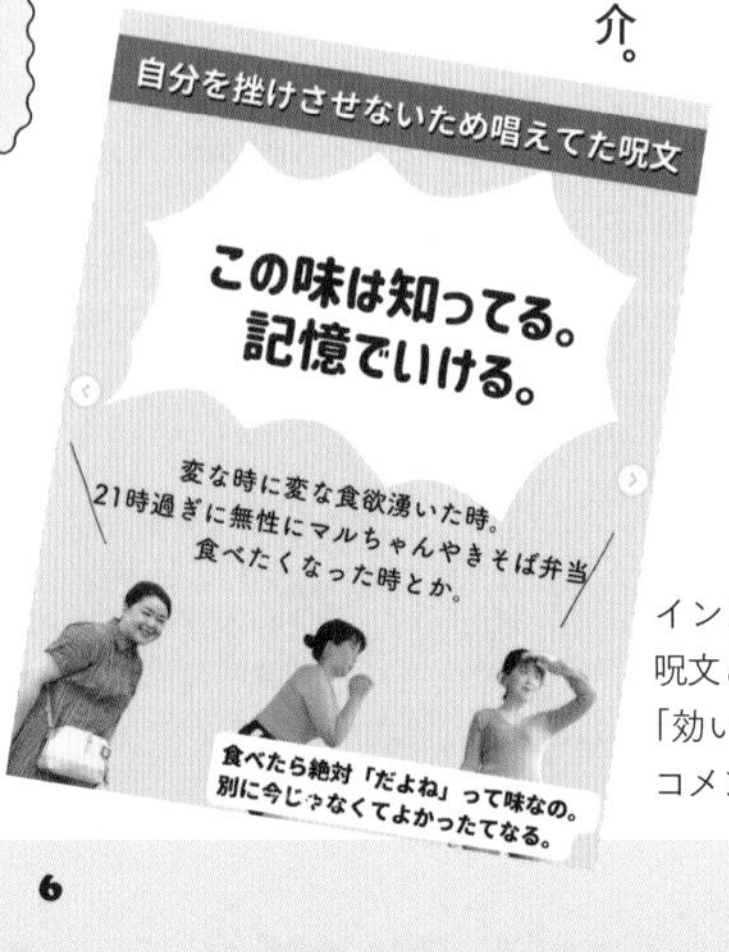
自分を挫けさせないため唱えてた呪文
この味は知ってる。記憶でいける。
変な時に変な食欲湧いた時。21時過ぎに無性にマルちゃんやきそば弁当食べたくなった時とか。
食べたら絶対「だよね」って味なの。別に今じゃなくてよかったてなる。

インスタでは呪文として紹介。「効いた！」のコメントも多数。

体重計の数値が横ばいの時

……なるほど！承知しました

話が通じないタイプの人の理不尽さを受け流す時と同じ。
体重計の数値に振り回されず、このフレーズと共に
さっさと電源スイッチをオフしましょう！

停滞期でモチベーションが落ちた時

停滞期？いや定着期です

停滞期は、落ちた体重が体になじんで
定着する「定着期」でもあります。
ここであきらめたり、ドカ食いに走ったりせず
「定着中だから維持できていればOK」くらいの心持ちをキープして。

運動のやる気が起きない時

やれば終わる

何時間もうだうだしたうえ、やると決めたことを
結局何もやらずに寝てしまう……。
そんな気分の悪さと決別を。
重たい腰を持ち上げるパワーを秘めたひと言です。

他人のダイエットと比べて焦る時

半年で10kgやせて1年後リバウンドしてるより、1年後に今より1kgでもやせていたら、そっちの勝ち！

速さを競うダイエットレースじゃない！
人生最後のダイエットプロジェクトです。
焦らず、じっくりいきましょう。

はじめに

猫と暮らすダイエッター、ねこくらりえです

はじめまして！　ねこくらりえと申します。

北の大地・北海道で、夫と3匹の猫たちと一緒に暮らす、ごくごく一般的な主婦です。38歳の時、体重82kgあった体を1年で24kg減量した時の話や、さらにやせて現在57kgとなった体を維持するリアルなダイエット情報などをSNSで発信しています。ありがたいことに、Ｉｎｓｔａｇｒａｍのフォロワーさんは現在16万人を超え、ほかにも音声&動画配信を通じて、以前の私のようにダイエットに行き詰まっていたり、自分の体重や体形が精神的な重りになっている人へ「挫折のプロの私にできたのだから、あなたにもできる！」と日々メッセージを送っています。

本来、どんな体形でも健康で、前向きに暮らせるなら無理にやせなくてもいいはずですよね。

でも、私は違いました。

子どものころから、ずーっとぽっちゃり。10代からダイエット&リバウンドを繰り返し、ズンズンと増量。体重が増えるごとに、自信はどんどん減っていく日々を送っていました。

そして40歳目前、体重は82kgという私史上最高記録へ。「人生一度はやせている自分を味わってみたい」と思いながら悶々《もんもん》としていたころにやってきたのがコロナ禍です。「これはダイエットに向き合うチャンスかも」。そう思い、私は人生最後のダイエットへと動き出したのです。

よく「25kgやせるなんて根性があるんですね！」と言われますが、私は38年間挫折続きの「挫折のプロ」でした。だからこのダイエットをはじめるにあたり、二度と挫折しない方法を模索し、行動し続けました。それが、これまでのあきらめてばかりの自分から、新たに生き直す体験にもなったのです。

「何からはじめたらいいですか？」「甘いものがやめられないんです」など、毎日たくさんの質問が私の元に届きます。

この本を読んでくだされば、このダイエットの全貌や、さらには私がいろいろな場所でお答えしたことがより明快に理解してもらえると思います。

この本がみなさまにとって、大きな一歩を踏み出す小さなきっかけになってくれたら幸いです。

目次

Chapter 1

私がダイエットに本気で取り組むまで

Chapter 2

やればやせる食事術

木曜日

金曜日

土曜日

日曜日

１００点ごはんを支える ベスト常備菜

Chapter 3

やればやせる宅トレ術

この本のルール

- 小さじ1は5㎖、大さじ1は15㎖、ひとつまみは親指、人差し指、中指の3本の指でつまんだ量です。
- 塩は精製していないものを、こしょうは特に指定のない場合は粗挽き黒こしょうを使用しています。
- オリーブオイルはエクストラバージンオリーブオイルを使用しています。
- 野菜は、特に表記していない場合は、皮をむいたり、筋を取ったりしています。
- 麺つゆは5倍濃縮のものを使っています。3倍濃縮のものを使うときは、分量を3分の5量に、2倍濃縮のものを使うときは2・5倍量にしてください。
- 加熱調理の火加減は、ガスコンロ使用を基準にしています。IH調理器などの場合には、調理器具の表示を参考にしてください。
- 常備菜や作りおきを保存する容器は、よく洗って完全に乾かし、清潔なものを使ってください。
- 電子レンジは600Wのものを基準にしています。500Wなら1・2倍、700Wなら0・9倍の時間で加熱してください。
- 持病がある方は医師に相談したうえで本書のレシピを活用してください。また、妊娠中や産後間もない方が本書で紹介しているトレーニングをする際は、体調に気を付けて行なってください。

Chapter 4

やせてからの心・体・暮らし

ブックデザイン:眞柄花穂、石井志歩(Yoshi-des.)
撮影:KATOMI(STUDIO EYE)
ヘアメイク:Bonita
DTP:茂呂田 剛(エムアンドケイ)
校正:根津桂子、新居智子
編集協力:綾田純子
編集:中野さなえ(KADOKAWA)

Chapter 1

私がダイエットに本気で取り組むまで

40代目前、体重増加が止まらない！

私は子どものころから、まわりよりぽっちゃりしていました。そして年齢を重ねるごとに体重が増えていきました。今回ダイエットに本気で取り組もうと思ったのは、体形がコンプレックスだったこともありますが、体重が増えるごとに、体以上に気持ちまで重くなっていったからです。

幼少期〜学生時代（10代）ぽっちゃり期

このころから食べることが大好きでした。毎日毎食、大皿でドンと出される母の料理を10歳以上離れた育ち盛りの兄たちと競うように食べ、順調にぽっちゃり度を増しながら学生時代を過ごすうち、常に「60kg以上なりえちゃん」がしっかり定着。10代後半からは役者になるという大きな夢もあり、体形にコンプレックスはありましたが、まだハツラツとしていたと思います。

社会人（20代）ぽってり期

紆余曲折《うよきょくせつ》あって役者になる夢をあきらめざるを得なくなり、21歳からはバリキャリを目指して百貨店で販売の仕事へ。店長にまで昇進したものの、ストレスのせいか、やがて仕事帰りのコンビニ立ち寄り&ドカ食いがルーティーンに。食べ物で浪費してお金も貯まらず、体重は70kgを行き来していました。仕事の成果もパッとせず、あきらめぐせがついたのもこのころです。

結婚・妊活期（30代）どっしり期

29歳で結婚退職し、専業主婦になりました。穏やかな夫、猫たちとの幸せな日々。仕事のストレスからは解放されたものの、5年にわたる不妊治療は結局うまくいかず、むなしい心を癒したのはやはり食べ物でした。38歳には最高スコアの82kgをマーク。これ以上太らないようにと朝食を抜き、昼だけは好きなものを食べ、夜はカロリーを気にしてお酒と少しのおかずだけ（でも、21時を過ぎると空腹に負け、お菓子をつまむ）という、無茶な食生活を送っていました。

体重が増えるたびに「そんなに食べていないのに。きっと太りやすい体質なんだ」「年齢のせいかも」とあきらめてはまた太り、自分にがっかりする毎日でした。

☑ あきらめたらきっとこのまま。ここからやれることを探していこう！

太るーティーンが原因だった

では、私は本当に太りやすい体質だったのかというと、もちろんそうではありません。なぜなら82kgあったころの典型的な一日の過ごし方を見ると、動かないのに食欲だけは人一倍。完全に、ルーティーンならぬ、太るーティーンだったのです。

［朝］9時ごろ起床（起きた瞬間から膝の激痛に泣く）。夫は先に出勤。ソファで猫と二度寝した後、たっぷりと朝ごはん。定番は大きなウインナー4本をのせたオープンサンドと甘いパンの組み合わせ。食後は寝転んでスマホチェック。

［昼］主婦失格と言われないギリギリの家事をする。お腹は空いていないのに昼食はきっちり食べる。夕方まで昼寝をしたり猫を撫でたりしながら、自分もゴロゴロ。

［晩］夕食作りの途中から大好きなお酒をプシュッと。夫の帰宅を待って晩ごはん。ただし、私は夫のおかずをつまみながらお酒で腹を満たす（ダイエットのつもり）。いつしかスナック菓子に手が伸びて食欲暴走タイムへ。翌日の弁当準備や入浴を済ませ、満腹のまま、0時過ぎに就寝。

なぜ私は太ってしまったのか

私がなぜ太ってしまったのかを考えてみると、以下の点が問題だったのだと思います。

とにかく動かなかった：足腰が痛いから動かないのか、動かないから痛いのか、とにかく家でダラダラしていました。ある日、歩数計で測ったら一日の歩数が100！　昆虫以下です。

加工品&こってり味中毒：昼食の定番はインスタントラーメンと揚げもの。段々と濃い味じゃないと舌が満足しないようになっていました。コンビニでは、から揚げを見ると無意識にレジカゴへ入れることが習慣に。

イメージで食べていた：ダイエットをはじめて、世の中で1人分とされる肉の量は私が思うよりもずっと少なく、野菜は多くて、驚愕したのを覚えています。ヘルシーなつもりで作っていた料理のほとんどが、脂質過多。米やパンなどの糖質だけが「ダイエットの敵」という思い込みも含め、食事内容はアンバランスでめちゃくちゃでした。

☑ 太る原因は、習慣の中にあると認めよう

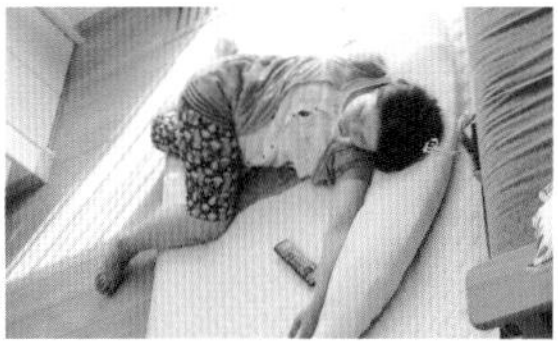

毎日「やせたいなー」と言いながらゴロ寝。

おしゃれより入るか入らないか

やせる前に不自由だったことの一つが、ファッションです。服選びに至っては、75kgを超えたあたりから「もうお尻が隠れて、この体が入ればなんでもいいです！」という境地になっていきました。

まず太っていると、洋服屋さんへ入ること自体が大きな関門です。素敵な店ほど周囲から「（太ってるのに）よく入ってきたね」なんて思われやしないかなと勝手にビクビク。手に取って悩んでいると、「こちらのほうが細く見えますよ」と親切で提案された時の行き場のないモヤモヤ。

最大の難所は試着室です。「入りませんでした」って言うのもイヤなので、試着自体一か八かの勝負。ワイドパンツをはいたらスパッツのように脚に張り付いてしまって、脱ぐに脱げずに身をよじっている真っ最中に「いかがですか～？」。そのドキドキ感たるや。

そのうちに「試着？　大丈夫です！」と当てずっぽうで洋服を買うようになり、家に帰って着てみたら「全然大丈夫じゃなかった……」となることも多くありました。
そんなこんなで、洋服は徐々にネットショッピングで購入するようになり、入ればいいやという洋服がどんどん増加。そしてそんなに気に入っていないものを着続けることで、ますます自己肯定感が下がるという負のループに入っていきました。

今は3Lサイズ以上でもかわいいものが増えてきていますが、当時の私の買い物の基準はデザイン性よりも、体形隠しがすべて。
「今の（太っている）自分は、仮の姿だから、仮の姿に似合う服は不要！」と変な意地もありました。

ゆったりしておしゃれに見える貴重な服はヘビロテさせていました。

今の時代はプラスサイズでもおしゃれな洋服はありますし、体形問わず素敵なファッションを提案してくれるインフルエンサーがたくさんいて、どんな人でも素敵になることは可能です。当時、それを受け入れられなかったのは、とてももったいなかったなあと思います。

☑ 人生は一度きり。こじらせている時間がもったいない

人生はままならないがダイエットは自分次第

最近、ある本の中にこんな一節を見つけました。

自分の力ではどうしようもないことより、自分の考え方や行動でどうにかなることに時間と労力を注ごう

この言葉で、私にとって「自分の力だけではどうしようもないこと」は不妊治療で、「がんばればどうにかなること」はダイエットだったんだ、ということが腑《ふ》に落ちました。

私の30代は「不妊」という言葉と背中合わせにありました。悲嘆に暮れるわけではなかったですが、それでも当時は子どもができないことに意識が支配されていたと思います。不妊治療は5年にわたり、顕微授精という最終段階も踏んでいたので、この先はもう「神のみぞ知る」領域。ある時、そこに執着する気持ちを一旦手放そうと決めたのです。

一方でダイエットは、時間はかかるかもしれませんが、努力次第でどうにかできることです。長年コンプレックスだった自分の体形を変えることで、自信を取り戻すことだって可能だし、新しいことに挑戦する勇気が湧いたりもします。

アラフォーともなると、自分の力だけではどうにもならないことをたくさん経験します。でもダイエットは違う。「全部私次第だ」と気づいた時に、初めてうまくやれるような気がしたんです。

SNSのフォロワーさんからくるご相談で「なかなかダイエットに踏み切れない」「ダイエットしようという気にならない」という声はとても多いのですが、ダイエットは自分でなんとかできることだと、まずは意識してほしいと思います。

他人とのしがらみもありません。自分の努力で結果を出せるのがダイエットです。そう思うと、ちょっとワクワクしませんか？

どうにかなることと、ならないことを見極める

ダイエット中も晩酌を楽しんでいた75kgのころ（30代前半）。

20代後半、65kg時の仕事姿。XLのスーツがパツパツ。

ダイエットのスイッチを押したのは猫のダイエットとコロナ禍

実は、今回の人生最後のダイエットのやる気スイッチを押してくれたのは、うちの猫のダイエットとコロナ禍でした。

猫だってやればやせた！

人生最後のダイエットにのぞむ半年ほど前、我が家のぽっちゃり猫のおちゃまるが、7kgから5・3kgまでの減量に成功しました。この数字は人間でいうと17kg減ですから、大成功です。

ダイエットのきっかけは健康診断で「この子は関節が弱いので、ダイエットしてください」と獣医さんに言われたことでした。

おちゃまるはあまり動かないうえに、ごはんをあげたら、あげただけ食べてしまう猫でした。人間も猫も太る理由は同じなのです。

そんなおちゃまるをやせさせるためにやったことは、運動代わりに毎日10分間おもちゃで遊ぶこと（とはいえ、途中で動くのをやめてしまうので、あまり効果はなかったのですが）と、ダイエット食にして一日の分量をきちんと量って管理したことでした。そして、週に1回はご褒美として猫用おやつなどもあげていました。

その結果、5ヵ月後には見事ダイエットに成功し、なんとか獣医さんに言われた目標体重に。

この一件で、食事を管理すれば猫でさえやせる、という当たり前のことを再認識したのでした。

コロナ禍が転機に

2020年、あの新型コロナウイルスが日本でも猛威を振るいはじめました。

「外に出るな」「人と接触するな」というあのステイホームは、私たちの生活に深刻な影を落としましたが、さらに私へ追い討ちをかけたのは、会社から届いた派遣切りのお知らせ。コロナ禍で職を失ってしまったのです。

実はこのころ、「不妊治療をひと区切りし、これからは仕事

ダイエット前のおちゃまるは、
むちむちのわがままボディー。

ダイエット後。しゅっとして、
健康診断も◎に！

に打ち込もう！」と決意した矢先でもありました。

もう仕事もありません。不妊治療もストップ。「仕事が忙しいから」とか「どうせホルモン治療で太るから」とか、ダイエットをやらない言い訳が一切できないのです。

思えば、それまでのダイエットは、「自分のためにやせよう」という前向きな気持ちからでなく、他人の目に映る自分の姿ばかりを意識しての「やせなくちゃ」が発端だったと思います。そのため、モチベーションも続かないし、ストレスで真逆の行動（ドカ食い・お酒）に走って挫折する、これがパターン化していました。

今回のダイエットに本気になれたのは、40歳を目前に何もない自分を再認識したことでした。当時、誰かの前では愉快痛快な自分でいられても、心の内側は常に漫然としたモヤがかかっている状態でした。

中でも濃いモヤとなるのは同世代の友人たちの「仕事で独立した！」や「出世した！」という報告を聞くたびに湧き上がる焦燥感でした。しかもそういった友人は、二児の母だったりするのです。子どもも仕事もない私からすると、もはや超人です。

片や私は、結婚を機に正社員だった百貨店の仕事を退職し、時々パートをするだけで子育てする機会もなく、さらに派遣切りにあう始末。鏡を見れば、完全に自信を失った自分の姿にため息をつくありさまでした。

つまり、何度も挫折したダイエットをはじめる気持ちが再燃したのは、「ここで行動しなかったら、このままで人生が閉じていくんだ」という瀬戸際感と、「一度くらい、よくがんばったと誇れる自分に会ってみたい」という強い願望が、これ以上ないほど高まってしまったから、というのが実情です。

コロナ禍での派遣切りは「ステイホーム中の今こそ、なりたい自分になるため、全力でコミットするチャンスだよ」という神の啓示のようにも思えました。

自信と人生を取り戻すためには、もうやせるしかない！と決心したのです。

☑ 誰のためでもなく、自分のために、もう一度自分に期待してみよう

続けられるダイエットをしよう

人生最後のダイエットに本気でのぞむことにした私。それまでなら、すぐにでも流行りのダイエット法を選んでスタートダッシュしていたはずですが、今回は絶対に失敗したくない、という気持ちになっていました。

私が過去にダイエットに挫折した理由は、「食べるのが大好き」「三日坊主」「運動が苦手」「すぐ疲れる」「結果が出ないと飽きる」「根性がない」「すぐあきらめる」などなど……。今回は、そんな挫折のプロの私でも続けられる方法を慎重に選ぶ必要がありました。

やせるには運動？　食事？

いろいろ調べてみるとこんな事実を知りました。

体脂肪を１kg減らすには、約７０００kcal消費する必要がある

運動でいうと約117㎞走らないといけない（フルマラソン約3回分！）。しかもこれは摂取カロリーが0《ゼロ》の場合の計算。つまり、絶食しながらフルマラソンを約3回走って、ようやく1㎏減。私には無理！

では、食事制限のみで7000㎉消費するなら？　一日の基礎代謝量（計算方法はP37）が1400㎉前後の人がほぼ動かず、絶食を5日行なってようやく1㎏減。生き物として無理！

これらの事実を知ったことで、今まで挑戦してきた「運動だけで何㎏もやせる」も、「1週間で○㎏やせる！」も、いかに非現実的だったかがわかりました。

そういえば、昔やった「ビリーズブートキャンプ」も、あんなにハードな運動を2ヵ月続けたのに、食事管理をしなかったせいで、体重が逆に増えてしまったことを思い出しました（運動した分、お腹が空いて、たくさん食べちゃってたもんな……）。

つまり、38歳にしてようやくたどりついたダイエットの方法は、毎日食事の管理をしつつ、なるべく体を動かして、「摂取カロリー＜消費カロリー」を地道に繰り返すこと。その方法でしか脂肪を減らすことはできない、という結論でした。

今までどんなダイエットも続かなくて挫折してきました。すぐに結果を出そうと無茶をして、体もメンタルも「キツくて続かない」というパターンがほとんど。そのことを教訓に、今回は**「スピードより継続を優先する」**ことに決めました。

こうして私の人生最後のダイエットは、「食事管理も運動も取り入れた、続けられるダイエット」を目指し、スタートしたのです。

週4日以上行なうことで習慣化

ただ、私は運動に関してはまったく自信が持てませんでした。そもそも運動が苦手で、普段から運動習慣がなく、疲れやすいし、根性もなかったからです。そんな時、習慣化に関するさまざまな情報を調べていたところ、ビクトリア大学のこんなデータを探り当てました。

人が新しい習慣を定着させるには、週4回以上取り組むこと

なんというすばらしい発見！「運動は毎日やらなくていいんだ」とわかっただけで、俄然やる気がわいてきました。ちなみにロンドン大学の論文には、「新しくはじめる物事が習慣化され、日常に定着するまでの期間は平均60日」という研究結果もありました。

つまり、これら2つの説を組み合わせると、週4回以上を2ヵ月続ければ、習慣として身に着けられるということになります。

ただし、私は運動が嫌いなうえ、自分の意志の弱さも考慮し、習慣化するには「週4回以上の運動を3ヵ月間」続ける必要があると分析しました。

「3ヵ月も？」と感じる人へ

これを読んで、「そんなに長い間続けないといけないの？　運動が苦手だし、無理」と思う人もいるかもしれません。挫折のプロの私には、その気持ち、よくわかります。だからこそ「週4を3ヵ月だけ」というゴールを決め、小さなことからはじめるんです。

例えば「プランク（P93）を3分間だけやる」という短時間の運動でも構いません。そして3ヵ月後、ちっとも効果を感じなくて楽しい気持ちがみじんもなければ、やめればいいだけ。

努力の期限を決めましょう。3ヵ月後、「ちょっと楽しくなってきたし、やめるのもったいないな」と感じられたらしめたもの。そのまま3年続いてるのが私です。

これからダイエットを行なう方は、まずは苦手なことへのハードルを下げ、継続の地盤作りをしてみるといいと思います。

☑ 続けるコツは根性でなく、続けられる方法を見つけること

いやいや運動をはじめたころ。

今や習慣化して3年以上。

やせるために決めたこと

いよいよ次の章から、25kgやせたダイエット方法をご紹介します。
人生最後のダイエット、それは一生続けられるダイエットです。
私がやせるために決めたのはこの5つ。
無理なく・楽しく・着実に、がモットーです。

1.「あすけん」を使って食生活を改善する

あすけんは、食事内容の記録、運動量、体の状態に対して、アプリ上でAI栄養士のアドバイスが受けられるダイエットサポートサービスのこと。食生活を整えるガイドラインとして活用しました。バランスよく栄養をとり、適正量を食べていたら太りません。

2. 週に1回、完全オフデーを設ける

週に1回、ダイエットを休んで、ダイエットを忘れるオフデーを設けました。その日は、あすけんも運動もすべてお休みです。つまり何を食べてもOK。この日があることで食べたくても食べられないストレスが減り、ほかの日の暴飲暴食の抑止力になりました。

3. 毎日水1・5ℓを飲む

コーヒーやお茶ではなく水です！　体の老廃物は水とともにスムーズに排出されます。パンパンだった私の脚のむくみも嘘のように解消しました。わざわざミネラルウォーターを買わなくてもOK。私はポット型浄水器に水道水を注いで、手軽においしい水を飲んでいます。

4. 宅トレを週に最低4回行なう

私はジムではなく宅トレ派です。理由は「やろう」と思ったその時・その場でトレーニングができるから。外出するための準備や気合いが不要なのも大きいです。超初心者向けから、腹筋に絞ったもの、ヨガなど、YouTubeから好みの内容をチョイスしたら即スタートです。

5. 質のよい睡眠を取る

ホルモンバランスや自律神経を整えることは、健康的にやせるために必要不可欠。「食事」「運動」で体を整え、仕上げに「質のよい睡眠」を取ることが重要です。質のよい睡眠は、疲れを取るだけでなく、やせやすい体のベース作りにもつながり、食欲も安定しますよ！

After
Before

Chapter

2

やればやせる食事術

食事でしないと決めたこと

1週間スープだけを飲んで過ごしたり、炭水化物をひたすら抜いてみたり……。それまでの私にとって、ダイエットとは空腹との闘いでした。

「とにかくカロリーが低ければよし、食べなければもっとよし！」という無茶なやり方は、当然長くは続きません。多少やせても毎回それ以上にリバウンドしてまた別のダイエットへ、と繰り返すたび、体重は最高記録を更新。どんどん太りやすく、やせにくい体になっていくように思えました。

「どこかやり方を間違ってるんだろうなあ」。薄々気づいてはいたものの、ダラダラした生活を大きく変えるようなことは面倒だし、正直イヤだったので、手軽そうなダイエットに飛びついては同じことを繰り返す……。今思えば、これこそが、私が太り続けていた最大の理由です。

「今までやりたくないと避けてきたことを徹底的にやろう。そこに自分を変える答えがあるはず」。それを認めた時、私の腹が決まりました。

・「ラクに早くやせよう」としない↓時間をかけて確実にやせる
・「我慢と根性で勝負」しない↓自分を挫折させない方法を見つける
・「無茶なダイエット&リバウンド」を繰り返さない↓「人生最後のダイエット」にする！

もう一つ、今回のダイエットでやらないと決めたことがあります。それは、どんなに早くやせたくても、一日の摂取カロリーを基礎代謝量（※）以下にしないということ。

基礎代謝とは、体温維持、心拍や呼吸など、人が生きていくために一日に最低限必要なエネルギーです。恥ずかしながら、その意味を知らなかった私は、ただやみくもにカロリー制限を繰り返していました。つまり、自分の体の機能を強制的に低下させていたのです。

低カロリーでも生きられるように省エネにならざるを得なかった私の体は、リバウンドのたびにダイエット前より太りやすく、やせにくくなっていたのは気のせいではなかったのです。

アラフォーからはじめる人生最後のダイエット。もう無理をして失敗を繰り返さない。これ以上、ダイエットで自分の心も体も痛めつけない！と決めたのです。

☑まずは失敗パターンから抜け出そう！

※一日の基礎代謝量の計算方法（ハリス・ベネディクトの式）
女性：665.1＋体重（kg）×9.56＋身長（cm）×1.85－年齢×4.68
男性：66.47＋体重（kg）×13.75＋身長（cm）×5.0－年齢×6.76

「あすけん」で100点を目指す

あすけん再開前の私

人生最後のダイエットで変えたこと。まず手始めは食事でした。

前の章に書きましたが、それまでの私の食生活は、まさに欲望のおもむくまま。その上、自分の食生活のどこがどうおかしいのか、こんなにも太る原因は一体何なのかわからなくなっていて、「もう何を食べたらいいわけ!?」というお手上げ状態だったのです。

なので、38歳で本気のダイエットをすると一念発起した時は、82kgもあるこの体には徹底的な食事改善と正しい食のガイドラインが必要だと考えました。

今度こそ「○○だけ食べてやせる！」などでなく、38年分の食への意識を、脳みそごと取り替える気で学習し直さなければ、と強く感じました。

そこで、管理栄養士の専門的知識をもとにダイエットサポートをしてくれるアプリ「あすけん」に頼ることにしました。実は、あすけんは10年前のダイエット以来の再開でした。

あすけんの再開

あすけんは、スマホやPCで食事内容を記録すると、すぐに栄養計算やアドバイスが得られる食生活改善アプリです。カロリーだけでなく三大栄養素、さらにはビタミンなど微量栄養素までを自動分析。朝昼晩3食を入力すれば、その日一日の運動量や、日常の活動量を踏まえたうえで、総合的な「健康度（※）」が100点中何点かを叩き出してくれるという優れものです。

10年前にあすけんを使ってダイエットした時は、食事記録とカロリー計算をしたくらいでうまく使いこなせていなかったのですが、それでも15kg減で1年半維持という、なかなかの実績を残してくれました（ただし、その後あすけんをやめてリバウンド）。そのため、今回、食のガイドラインをどうするかと考えた時も、迷わず「あすけんだ！」となったのです。

あすけんを再開してからは、健康度で毎日100点を取る生活を目指しました。「ここで100点を取ってもやせられなかったら、それはもう私ではなく、あすけんが悪い！」と言えるくらいまでやってやろうと思ったわけです。

「あすけん100点生活」を目指して

とにかくカロリーを減らすという従来のダイエットの常識とは違って、あすけんでは栄養バラ

※「あすけん健康度」はあすけんが独自に作成した指標で、食べたメニューや実施した運動などの生活内容を記録すると、その内容を判定して算出される総合点数のこと。食事摂取カロリー、運動消費カロリー、食事バランス、毎日の目標の達成度合いをそれぞれ判定し、点数化する。

ンスも重視します。特にエネルギー源となる三大栄養素、たんぱく質（Protein）・脂質（Fat）・炭水化物（Carbohydrate）の頭文字を取ったＰＦＣバランスは、栄養の質を評価する指標になります。ところが、栄養なんてサプリメントでとればいいと思っていた私にとっては、未知の世界。ビタミン、ミネラルなど、栄養バランスのいい食事がどんなものかイメージできなかったほどです。

健康的な食事を自分なりに考えて、あすけんに入力してみても、最初のころは55点くらいが関の山。カロリーを抑え、ヘルシーなものを食べ（ているつもり）、お菓子も我慢……、なのにどうしても50〜70点しか取れません。

盲点だったのは、私のこれまでの食事は「脂質」が飛び抜けて過剰で、それ以外の栄養素は全体的に不足しているという事実でした。常に食べすぎだった私がまさかの栄養不足だったとは……。

そして、その不足をどう補うのかが難しい。「たんぱく質」が足りないからと肉を追加すると「脂質」が過剰になるし、「炭水化物」不足をパンで補うと、今度は食物繊維不足。栄養バランス、ボリューム、カロリー、これらがなかなか両立しないというもどかしさ……。

100点生活への道のりは大変ではありましたが、ゲームを攻略するつもりで取り組んだら、楽しくなってきて、次第にコツもつかめてきました。

100点のコツは食材選びにあり

Before

2019年9月の記録。
から揚げをマヨネーズで食べていました……。
脂質はもちろん過剰。

After

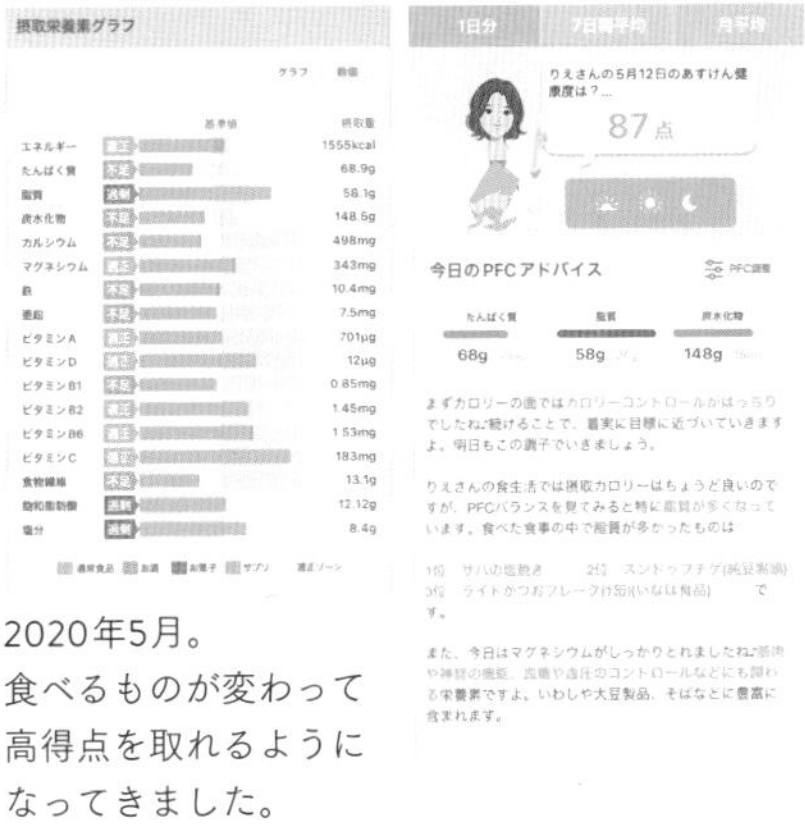

2020年5月。
食べるものが変わって高得点を取れるようになってきました。

地道に100点攻略を模索する中で気がついたのは、「食材選びが肝になる」ということでした。それまで私が好んで使ってきた脂身多めの豚バラ肉やベーコンは、少量でも大量の脂質がついてくる。それらで十分なたんぱく質をとろうとすると、必然的に脂質がオーバーしてしまいますが、それを鶏のむね肉や魚介類に代えると、驚くほど低脂質で高たんぱくになるのです。

これに気づいてから、料理も面白くなってきました。

「なるほど。100点攻略にはベストな栄養バランス。それにはまず食材選びだ！」と日々開眼していったのです。

☑食生活はアプリで手軽に賢く管理する

＼ねこくら流／

「満足感があるのに やせるごはん」の考え方

ではここからは、私が実際に何を食べているのかを紹介していきます。
やせるには、摂取カロリーより消費カロリーが上回ることはもちろんですが、
満足感があることが大事。25kgやせて、「満足感を得るためには、
栄養バランスが整った料理が一番」という結論に達しました。

オートミールの定番は、アリサンの有機オートミール（ロールドオーツ）。粒が大きいので、レンチンするとお米感覚で食べられます。

朝食

朝はとにかく簡単に

朝食作りで重宝するのが「オートミール」。食物繊維が豊富で、1分ほどのレンジ加熱でやわらかくなり、ご飯代わりに使えます。具のたんぱく質には加熱なしでも食べられる、かに風味かまぼこやツナ缶をよく使います。

昼食

一日で一番ボリュームのある食事

一日の中で一番量が多い食事になるようにしています。たんぱく質をしっかりとるのはもちろん、作りおきの常備菜を組み合わせて、さまざまな食材を食べるようにします。主菜は温かい料理や汁けのあるものにすると、満足感があります。

ご飯のこと

ご飯は通常130g（ご飯茶碗小盛り一杯）、丼ものは150gが目安。炭水化物は必要な栄養素であり、食事に取り入れると満足感があるので、間食も減りますよ。

間食

「ちょっと小腹が空いたな」という時間（午後３時くらい）にとります。ドライデーツ（P48参照）はとても甘いので、甘いもの欲を満たすのにおすすめ。私はブラックコーヒーを合わせますが、フレーバーティーやハーブティーなど、香りや風味のあるノンシュガードリンクでも。

夕食

消化しやすい野菜中心の食事に

昼食よりもボリュームを落とし、寝ている間に消化できる量にとどめます。とはいえ、少なすぎても満足できないので、野菜でボリュームを出すようにしています。カレーやハンバーグなどは、ささ身やはんぺんなどローカロリーな食材に置き換えて作る工夫も。また飲酒も禁止ではなく、週に１～２回楽しみます。缶ビールなら500mlを１缶、ワインならグラス２杯、日本酒なら１合までを目安にしています。

＼ あるだけでラクになる ／

やせるごはんの味方食材

やせるごはん作りは、調理が面倒だと長続きしません。
冷蔵庫にあるとぐんとラクになる、やせるごはんの味方食材がこちらです。

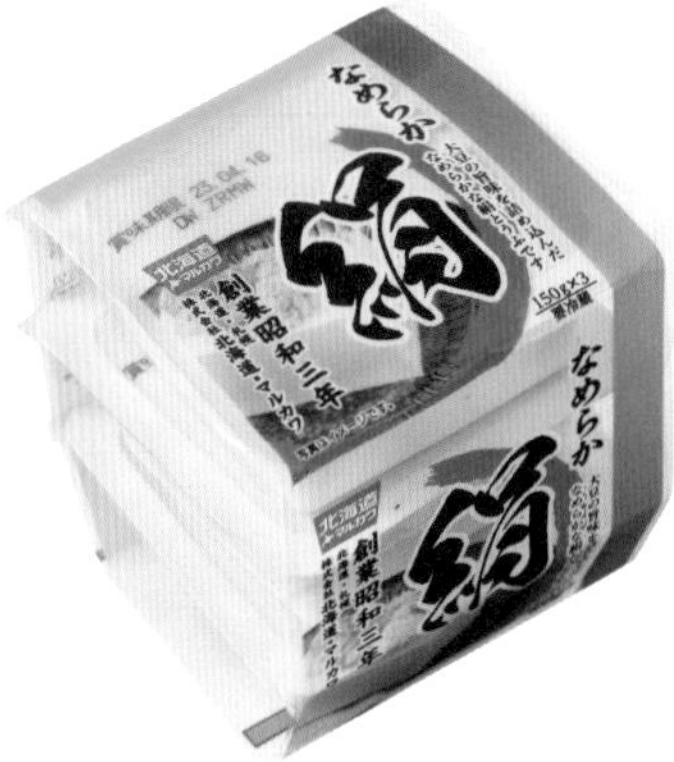

豆腐

そのままでも加熱してもおいしい豆腐は、冷蔵庫に常備しています。３個100円くらいの小分けになっているものが、計量が省けて使いやすいです。

→例えばこんな風に
- 手抜き豆腐丼（P55）に。
- 冷ややっこや温やっこに。
- 韓国海苔をふりかけて食べる。

ツナ水煮缶

肉代わりにしたり、たんぱく質が足りない時に足したり、と何かと使えます。保存がきく缶詰は買い物に行けない日にも重宝します。オイル缶ではなく水煮缶を選びます。

→ 例えばこんな風に
- れんこんとツナのサラダ（P72）のツナソースに。
- パンにのせたり、炒飯の具に。
- サラダのトッピングに。

かに風味かまぼこ

手で簡単に裂けて、ボリュームアップするかにかま。かにの風味や旨味が強いので、少し加えるだけでやせるごはんのおいしさプラスに。たんぱく質もとれます。

→ 例えばこんな風に
- パンにのせたり、炒飯の具に。
- 卵と炒め合わせ、彩り卵炒めに。
- ハムやウインナーの代わりに使う。

はんぺん

手で簡単に潰せるはんぺんは、ひき肉と混ぜてカロリーダウンに。ふわふわの食感もプラスされます。また、オーブントースターなどで焼いて食べるのもお気に入りです。

→ 例えばこんな風に

- はんぺんバーグ（P56）に。
- トースターで焼いて食べる。
- サラダのトッピングに。

サラダチキン

市販のサラダチキンは、たんぱく質量やカロリーが表示されているので、やせるごはんへの取り入れやすさ満点。忙しい日は積極的に頼っています。

→ 例えばこんな風に

- 思考停止プレート（P59）に。
- パンにのせたり、炒飯の具に。
- キャベツのせん切りにのせて即席サラダに。

刺身セット

北海道在住なので、新鮮な刺身がスーパーで安く手に入ります。そのまま食べられ、しっかりたんぱく質がとれるのが魅力。焼き魚、煮魚は面倒という人は刺身で魚介をとって。

→ 例えばこんな風に

- スーパーの刺身で韓国風海鮮丼（P66）などの丼に。
- ドレッシングをかけてカルパッチョ風に。

焼きいも

今やスーパーやコンビニでも売っている焼きいも。食物繊維が豊富で腹持ちがよいので、ダイエットにぴったり。私はねっとりとして濃厚な甘さの紅はるかがお気に入りです。ちなみに「あすけん」では焼きいもは野菜としてカウントされます。

→ 例えばこんな風に

- 冷蔵庫で冷やして冷やし焼きいもにし、おやつに。
- サイコロカットしてサラダのトッピングに。

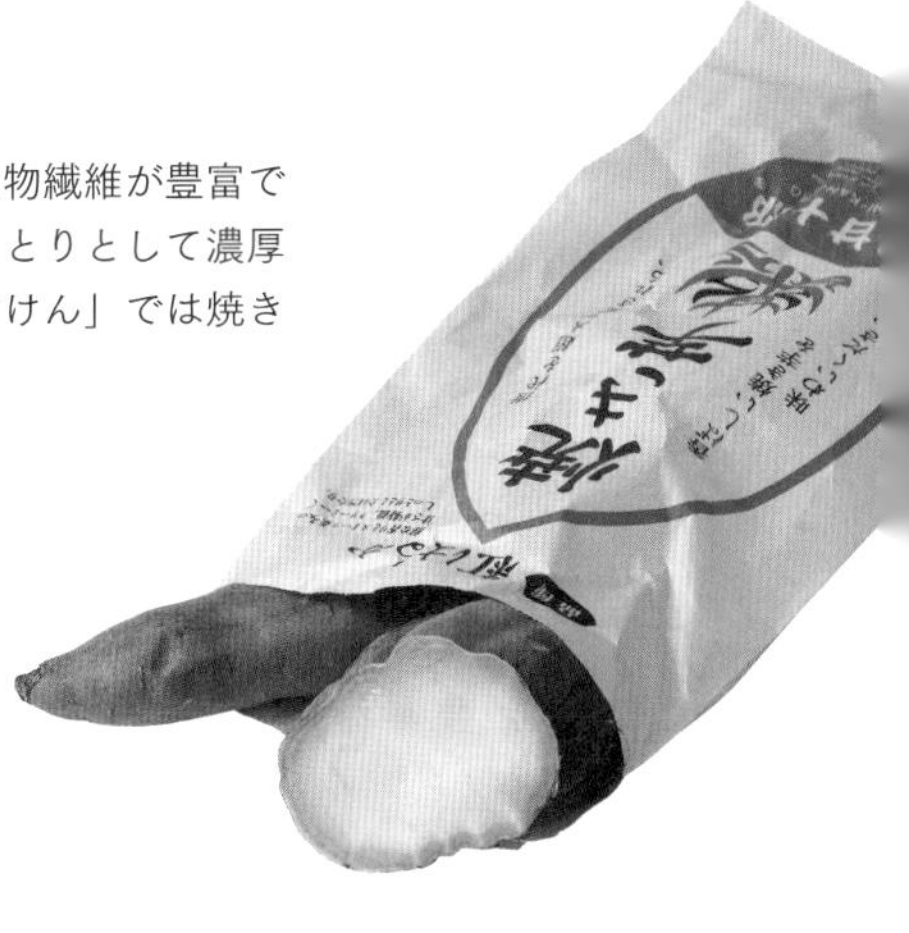

ねこくら流

1週間のやせるごはん

私が25kgやせた1週間分のレシピを紹介します。オフデーの日曜日以外は、私があすけんで100点（「あす筋ボディメイクコース」の私のパーソナルデータ上で）を取ったメニューになっています。作りおきの副菜の量は、1食につき小鉢1皿を目安にしてください。

MONDAY

月曜日

合計 1443kcal（たんぱく質87g / 脂質36g / 炭水化物208g）

うちの朝食の定番。
オートミールをガレットに見立て
フライパン焼きに

朝食

・焼きオートミール

焼きオートミール

材料（１人分）

オートミール（ロールドオーツ）…30g
切っておき野菜の玉ねぎ（P70）…50g
切っておき野菜のにんじん（P70）…30g
ツナ水煮缶…小１缶（80g）
ゆでブロッコリー（P70）…30g
ピザ用チーズ…ふたつまみ（10g）
顆粒鶏ガラスープの素…小さじ1/2
オリーブオイル…小さじ１
塩…少々

作り方

1. 耐熱ボウルに鶏ガラスープ、オートミールを入れ、水80mℓを注ぐ。600Wの電子レンジで１分加熱し、よく混ぜる。
2. フッ素樹脂加工のフライパンにオリーブオイルを刷毛で塗り、１を広げて入れる。玉ねぎ、にんじんをのせ、ツナは缶汁をきってのせ、塩をふる。中火にかけてふたをし、３分蒸し焼きにする。ふたをはずし、水分が飛び、下の部分がカリカリになるまで３分焼く。チーズをふって、ブロッコリーを食べやすく手で裂いてのせる。

鶏肉は1人分100gでも
野菜たっぷりで満腹に

昼食

- 鶏肉と野菜の甘酢炒め
- キャベツのせん切り（P70）と、ゆでブロッコリー（P70）に塩、オリーブオイルをかけたもの
- 長いもの梅あえ（P73）
- ご飯　130g

鶏肉と野菜の甘酢炒め

材料（2人分）

鶏むね肉（皮なし）…1枚（200g）
切っておき野菜の玉ねぎ（P70）…100g
切っておき野菜のにんじん（P70）…100g
切っておき野菜のしめじ（P70）…100g

下味

酒…大さじ1
塩…小さじ1/2
おろしにんにく…適量
こしょう…少々
小麦粉…大さじ1

たれ

麺つゆ…大さじ2
黒酢(または酢）…大さじ1
酒…大さじ1
オリゴ糖（または砂糖やラカント）…小さじ1
和風だしの素…小さじ1
赤とうがらし…1～2本

ごま油…小さじ1

作り方

1. 鶏肉は大きめの一口大にそぎ切りにし、下味を加えて揉み込み、10分おく。
2. フライパンにごま油を入れて中火で熱し、1を入れて焼く。あいているところにしめじ以外の野菜を入れる。肉に焼き色がついたら裏返し、野菜も裏返して、ふたをして2分30秒焼く。
3. ふたをはずしてしめじを加えて炒め合わせ、野菜に薄い焼き色がついたら、たれの材料を混ぜて加え、全体にからめる。

白身魚と豆腐のレンジ蒸し

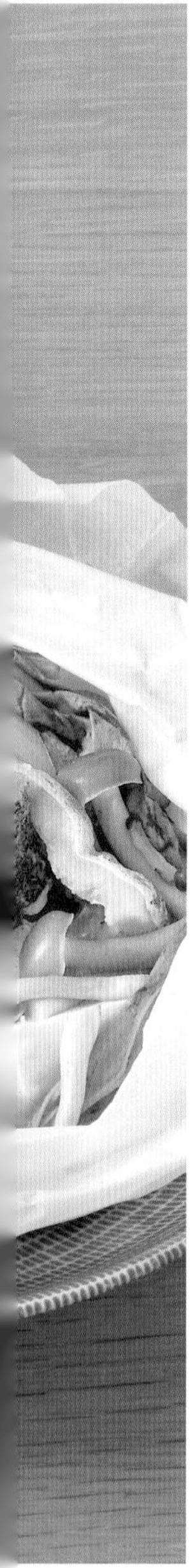

材料（1人分）

好みの白身魚（ここでは生だら）…100g
大根…100g
にんじん…50g
切っておき野菜のしめじ（P70）…50g
もめん豆腐…1/3丁（100g）
小松菜…1株（50g）
黒酢だれ
黒酢…大さじ1
麺つゆ…大さじ1/2
ごま油…大さじ1

作り方

1. 大根とにんじんは薄い半月切りにする。小松菜は4cm長さに切る。豆腐は2cm厚さに切る。白身魚は大きめの一口大に切る。
2. 耐熱皿にオーブンペーパーを大きめに切って広げ、中央に大根、にんじん、白身魚、豆腐を置く。そのまわりに小松菜としめじを置き、キャンディの包み紙のようにオーブンペーパーを閉じて両端をねじる。
3. 600Wの電子レンジで6分30秒加熱し、オーブンペーパーを開く。たれの材料を混ぜて添え、かけて食べる。

熱の通りにくい根菜やたらを中心に置き、水分が出やすい野菜はまわりに散らすように置く。

オーブンペーパーの手前と奥を合わせて2～3回折り、両端はキャンディのようにねじる。

間食は

・ドライデーツ…3粒
・ブラックコーヒー

ドライデーツはヤシ科の果物を乾燥させたドライフルーツ。食物繊維やカリウムが豊富なため、スーパーフードとしても注目されています。カロリーのわりに濃厚な甘さなので、ダイエット中のおやつに最適です。コーヒーは好みのシュガーレスドリンクに代えてOK。

夕食

- 白身魚と豆腐のレンジ蒸し
- ご飯 130g
- 焼きいも 50g

豆腐と白身魚で
たんぱく質チャージ。
レンジで手軽に作れる

合計1450kcal（たんぱく質96g / 脂質38g / 炭水化物200g）

かにかまは、サラダチキンや
ほぐした焼き鮭に代えてもおいしい

朝食
・オートミール炒飯

オートミール炒飯

材料（１人分）

オートミール（ロールドオーツ）…30g
かに風味かまぼこ…３本
A
　キャベツのせん切り（P70）…50g
　切っておき野菜のにんじん（P70）…50g
　切っておき野菜のしめじ（P70）…50g
卵…１個
塩…少々
顆粒鶏ガラスープの素…小さじ1/2
塩昆布…ふたつまみ
オリーブオイル…小さじ１

作り方

1. かに風味かまぼこはほぐす。Aは粗みじん切りにする。
2. 耐熱ボウルにオートミールを入れ、水80mℓを注ぐ。600Wの電子レンジで１分加熱し、よく混ぜ合わせる。
3. フッ素樹脂加工のフライパンにオリーブオイルを刷毛などで塗って中火にかけ、1を入れて炒める。野菜がしんなりしたら塩、鶏ガラスープの素を加えて混ぜ、なじんだら2を加えて炒め合わせる。
4. フライパンの端に寄せ、あいたところに卵を割り入れて炒め、半熟になったら全体を混ぜ合わせ、仕上げに塩昆布を加えて混ぜる。

納豆が苦手なら入れずに
鶏肉を150gにして同様に作って

昼食

- 鶏担々うどん
- 長いもの梅あえ（P73）

鶏担々うどん

材料（1人分）

冷凍うどん…1玉
鶏むねひき肉…100g
納豆…小1パック（50g）
A
切っておき野菜の玉ねぎ（P70）…50g
切っておき野菜のにんじん（P70）…50g
切っておき野菜のしめじ（P70）…50g
小松菜のざく切り…1株分（50g）
長ねぎの斜め薄切り…1/3本分
おろしにんにく…1片分
おろししょうが…1かけ分
塩…ひとつまみ
オリーブオイル…小さじ1
合わせ調味料
顆粒鶏ガラスープの素…小さじ1
オイスターソース…小さじ1
豆板醤…小さじ1
味噌…小さじ1

作り方

1. うどんは袋のまま600Wの電子レンジで3分30秒加熱し、器に盛る。
2. 鍋にオリーブオイル、にんにく、しょうがを入れて中火にかける。香りが立ったら、ひき肉を入れて、肉の色が変わるまで炒める。Aと納豆を加えてさっと炒め、塩をふる。水300㎖を加えて混ぜ、煮立ったら弱火にし、5分煮る。
3. 合わせ調味料を加えて煮立つ直前で火を止め、1の器にかける。好みで長ねぎの青い部分の小口切りをのせる。

うちのヘルシータンドリーチキン

材料（2人分）

鶏むね肉（皮なし）…1枚（200g）

A
- プレーンヨーグルト…大さじ2
- 麺つゆ…大さじ1
- カレー粉…大さじ1
- おろしにんにく…小さじ1
- 小麦粉…大さじ1

オリーブオイル…小さじ1

作り方

1. 鶏肉は大きめの一口大のそぎ切りにし、ポリ袋に入れる。Aを加えて袋の上から揉み込み、20分以上おく。
2. フライパンにオリーブオイルを中火で熱し、1を入れて両面こんがりと焼く。

＊半量は残して、翌日の朝食のトルティーヤに使う。

間食は

・ブラックコーヒー
・焼きいも…50g

焼きいもはあすけんで「野菜」の扱いなので、100点を取るのにうってつけ。スーパーで売っている市販のものでもいいし、好きな品種があるならオーブンでまとめて焼き上げて、冷凍保存しておいても。

夕食

- うちのヘルシータンドリーチキン
- ゆでブロッコリー（P70）30gとキャベツのせん切り（P70）50gをそれぞれオリーブオイルとハーブソルトであえたもの
- 温活にんじんしりしり（P71）
- ご飯　130g

かたくなりがちな鶏むねも
ヨーグルトとカレー粉に漬けて
やわらかく風味豊かに

合計**1448kcal**（たんぱく質80g / 脂質35g / 炭水化物215g）

前日の夕飯の残りで作る
即席メニュー

朝食
・トルティーヤ

トルティーヤ

材料（１人分）

うちのヘルシータンドリーチキン（P52）…半量
キャベツのせん切り（P70）…50g
ゆでブロッコリー（P70）…15g
トルティーヤの皮（市販品）…１枚
A
マヨネーズ（カロリー80％オフのもの）…大さじ１
トマトケチャップ…大さじ１

作り方

1. フライパンを中火にかけ、トルティーヤの皮を入れて、両面さっと焼く。Aを混ぜて、トルティーヤの皮の中央に塗る。
2. トルティーヤの皮にキャベツ、ブロッコリー、タンドリーチキンをのせ、手で巻いて食べる。

ちりめんじゃこ、釜揚げしらず、
明太子、キムチ、ちぎった韓国海苔などを
トッピングしても◎

昼食
- 手抜き豆腐丼
- うちのほうれん草のごまあえ（P71）
- スナップえんどうのおかかマヨ（P73）

手抜き豆腐丼

材料（1人分）

豆腐（もめんでも絹でも好みのものでよい）
…1パック（150g）
煮卵（P71）…1個
温かいご飯…150g
麺つゆ…大さじ1
ごま油…大さじ1/2

作り方

1. 耐熱のどんぶりにご飯を入れ、豆腐を大きくすくってのせる。ふんわりとラップをかけ、600Wの電子レンジで40秒加熱する。
2. 麺つゆとごま油を回しかけ、煮卵を半分に切って添える。

はんぺんバーグ

材料（２人分）

はんぺん…１枚（100g）
ツナ水煮缶…小１缶（70～80g）
卵…１個
A
　切っておき野菜のにんじん（P70）…30g
　切っておき野菜のしめじ（P70）…50g
　白菜キムチ…30g
片栗粉…大さじ１
顆粒鶏ガラスープの素…小さじ１
麺つゆ…小さじ１
オリーブオイル…小さじ１

作り方

1. はんぺんはちぎってボウルに入れる。ツナはしっかり缶汁をきる。Aは粗みじん切りにする。
2. 1のボウルにオリーブオイル以外の材料を加え、手でよくこね、半量ずつハンバーグ形に成形する。
3. フライパンにオリーブオイルを刷毛で塗り、2を並べ入れて中火にかけ、3分焼く。こんがりと焼き色がついたら裏返し、ふたをして、２分30秒蒸し焼きにする。

＊１個は保存容器に入れて取りおき、翌日の昼食のはんぺんバーグのわんぱくサンドに使う。

間食は

・ブラックコーヒー
・焼きいも…120g

この日は野菜がやや不足していたので、間食の焼きいもを120ｇに。焼きいもは、食物繊維が豊富なのでダイエット中にぴったりのおやつです。さつまいもの種類によって甘みや食感が変わるので、いろいろ試してみても楽しいですよ。

夕食

- はんぺんバーグ
- キャベツのせん切り（P70）
- ミニトマト　1個
- オクラのだし漬け（P73）
- れんこんとツナのサラダ（P72）
- ご飯130gに黒いりごまをふったもの

ひき肉をはんぺんで代用。
ふわふわした食感がクセになる

THURSDAY
木曜日

合計 1577kcal（たんぱく質97g / 脂質45g / 炭水化物209g）

忙しい朝の野菜トースト

レンジとトースターで
火を使わずに完成

朝食
- 忙しい朝の野菜トースト
- ブラックコーヒー

材料（1人分）

A
- 切っておき野菜の玉ねぎ（P70）…50g
- 切っておき野菜のにんじん（P70）…50g
- 切っておき野菜のしめじ（P70）…15g

かに風味かまぼこ…2本
麺つゆ…小さじ1
ピザ用チーズ…20g
食パン（6枚切り）…1枚

作り方

1. Aを耐熱ボウルか耐熱容器に入れ、麺つゆをかける。ふんわりとラップをかけて、600Wの電子レンジで1分30秒加熱する。
2. 食パンに1をのせ、かに風味かまぼこをほぐして、チーズとともにのせる。オーブントースターでこんがりと焼き色がつくまで焼く。

昼食
- はんぺんバーグのわんぱくサンド

はんぺんバーグのわんぱくサンド

材料と作り方（1人分）

食パン（6枚切り2枚）にマヨネーズ（カロリー80%オフのもの）を薄く塗り、はんぺんバーグ（P56）1個、キャベツのせん切り（P70）50g、温活にんじんしりしり（P71）60gをはさみ、ラップで包んでから半分に切る。

前日の夕飯の残りで
お弁当もすぐできる

夕食
・思考停止プレート

思考停止プレート

材料（1人分）

サラダチキン（市販品）…1パック(110g)
焼きいも（市販品）…75g
煮卵（P71）…1個
キャベツのせん切り（P70）…50g
ゆでブロッコリー（P70）…30g
オリーブオイル…大さじ1
ハーブソルト（または塩）…少々

作り方

1. サラダチキンは食べやすく切る。焼きいもは皮つきのまま食べやすい大きさの輪切りにする。煮卵は半分に切る。
2. 器に1、キャベツ、ブロッコリーを盛り合わせ、オリーブオイルをかけ、ハーブソルトをふる。

間食は

・一口ようかん（市販品）…小1個
・ブラックコーヒー

間食の目安は200㎉以内なので、それを目安に選んで。小分けの一口ようかんは1個150㎉ほどのことが多いので、1個までなら食べてOK。小豆でできているうえ、濃厚な甘さで満足感あり。

FRIDAY

金曜日

合計 **1561kcal**（たんぱく質104g / 脂質42g / 炭水化物206g）

朝食
・オートミール雑炊

オートミール雑炊

材料（1人分）

A
- オートミール（ロールドオーツ）…30g
- 切っておき野菜の玉ねぎ（P70）…100g
- 切っておき野菜のにんじん（P70）…50g
- 切っておき野菜のしめじ（P70）…50g

溶き卵…1個分
ツナ水煮缶…小1缶（80g）

合わせ調味料
- 和風だしの素…小さじ1
- 塩…ひとつまみ
- 好みで黒酢…大さじ1

作り方

1. 鍋に水400mℓを入れて沸かし、Aを加えて5分煮る。
2. ツナ缶を缶汁ごとと合わせ調味料を加え、ふたたび煮立ったら、溶き卵を回し入れ、浮かんでくるまで火を通す。器に盛り、好みで万能ねぎの小口切りをのせる。

黒酢効果で、コクがあるのに、
後味さっぱりの煮魚に

白身魚のさっぱり煮

材料（２人分）

白身魚（生だらなど）…２切れ（200g）
長ねぎ（5㎝長さ）…５～６切れ

煮汁

黒酢…大さじ２
オイスターソース…大さじ１
しょうゆ…大さじ1/2
オリゴ糖（または砂糖やラカント）…大さじ1/2
酒…50㎖
水…100㎖

作り方

煮汁の材料をフライパンに入れて中火にかける。沸騰したら、白身魚と長ねぎを加えて、アルミホイルで落としぶたをし、弱めの中火で５分煮る。アルミホイルをはずし、時々魚に煮汁をかけながら、汁けがなくなるまで煮る。

昼食

- 白身魚のさっぱり煮
- なすとエリンギのナムル（P72）
- うちのほうれん草のごまあえ（P71）
- ピーマンまんま煮（P72）
- ご飯　130g

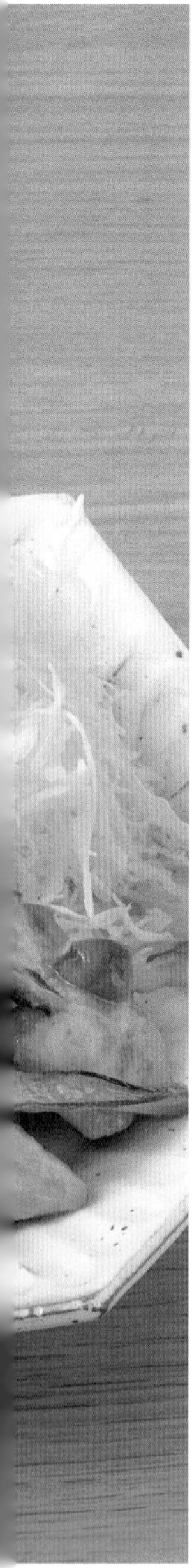

ささ身コチュジャンマヨ

材料（1人分）

鶏ささ身…3本（120g）
切っておき野菜の玉ねぎ（P70）…50g
切っておき野菜のしめじ（P70）…50g
小松菜…1株（50g）
長ねぎ…5㎝
酒…大さじ1
塩…少々
片栗粉…小さじ1
ごま油…大さじ1
A
マヨネーズ（カロリー80％オフのもの）…大さじ1
コチュジャン…小さじ1
麺つゆ…小さじ1
おろしにんにく…少々

作り方

1. 小松菜は5㎝長さに切り、長ねぎは小口切りにする。ささ身は筋を除き、長さを3等分に切って酒と塩を揉み込み、片栗粉をまぶす。
2. フライパンにごま油を広げ、ささ身を入れて中火で両面を焼く（完全に火を通さなくてよい）。いったん取り出して、同じフライパンに、玉ねぎ、しめじ、小松菜、長ねぎを入れて炒める。
3. しんなりしたら、ささ身を戻し入れ、1分ほど炒め合わせる。Aを混ぜて加え、全体にからめる。

間食は

・ブラックアイスコーヒー
・ギリシャヨーグルトにオリゴ糖（または砂糖）とくるみをトッピングしたもの

ギリシャヨーグルトは、プレーンヨーグルトを水きりしたもの。濃厚に感じられるので、小腹が空いた時にぴったりです。ナッツをトッピングすると、さらに満足感がアップします。

夕食

- ささ身コチュジャンマヨ
- キャベツのせん切り（P70）
- れんこんとツナのサラダ（P72）
- スナップえんどうのおかかマヨ（P73）
- ご飯　130g

ささ身は途中で一度取り出して
焼きすぎを防ぎ、
やわらかく仕上げて

合計1561kcal（たんぱく質80g / 脂質41g / 炭水化物218g）

火曜日朝食の「オートミール炒飯」のツナキムチバージョン

朝食
・ツナキムチのオートミール炒飯

ツナキムチのオートミール炒飯

材料（1人分）

オートミール（ロールドオーツ）…30g
ツナ水煮缶（缶汁をきったもの）…小1缶（70〜80g）
白菜キムチ…50g
A
切っておき野菜の玉ねぎ（P70）…50g
切っておき野菜のにんじん（P70）…50g
切っておき野菜のしめじ（P70）…50g
卵…1個
塩…少々
顆粒鶏ガラスープの素…小さじ1/2
ごま油…小さじ1

作り方

1. 耐熱ボウルにオートミールを入れ、水80mℓを注ぐ。600Wの電子レンジで1分加熱し、よく混ぜ合わせる。Aは粗みじん切りにする。
2. フッ素樹脂加工のフライパンにごま油を刷毛などで塗って中火にかけ、Aとツナ、キムチを入れて炒める。野菜がしんなりしたら塩、鶏ガラスープの素を加えて混ぜ、なじんだら1を加えて炒め合わせる。
3. フライパンの端に寄せ、あいたところに卵を割り入れて炒め、半熟になったら全体を混ぜ合わせる。器に盛り、好みで糸とうがらしをのせる。

ボウルに油を
塗っておくことで
取り出しやすくなる

昼食

- レンジ野菜オムレツ丼
- スナップえんどうのおかかマヨ（P73）

レンジ野菜オムレツ丼

材料（１人分）

切っておき野菜の玉ねぎ（P70）…50g
切っておき野菜のにんじん（P70）…50g
切っておき野菜のしめじ（P70）…50g
ツナ水煮缶（缶汁をきったもの）…小1/2缶（40g）
卵…１個
温かいご飯…150g
麺つゆ…小さじ２
オリゴ糖（または砂糖やラカント）…小さじ１
ごま油…小さじ１
塩…少々

作り方

1. 耐熱ボウルか耐熱容器にごま油を刷毛などで塗る。ご飯以外の残りの材料をすべて入れ、よく混ぜる。ふんわりとラップをかけて、600Wの電子レンジで３分加熱する。
2. ご飯を器に盛り、１と、好みで紅しょうがをのせる。

スーパーの刺身で韓国風海鮮丼

材料（1人分）

好みの刺身（まぐろ、ホタテ、サーモン、はまち、鯛など）
…小1パック（80g）
温かいご飯…150g

たれ

コチュジャン…小さじ1
オリゴ糖（または砂糖やラカント）…小さじ1
麺つゆ…小さじ1
ごま油…小さじ1
おろしにんにく…少々

作り方

1. たれの材料をボウルに入れて混ぜ、刺身を加えてからめ、1時間ほど冷蔵庫におく。
2. 器にご飯を盛り、1を汁ごとのせる。好みで青じそを添え、白いりごまをふり、卵黄をのせても。

間食は

・ブラックアイスコーヒー
・焼きいも…70g

ダイエット中に体を冷やす冷たいドリンクはNGと言われますが、間食はダイエット中の息抜きでもあるので、私はアイスドリンクもOKにしています。

今晩は「今週も
がんばりました！」の
ビールつき
刺身の盛り合わせを
韓国風のたれに漬け込むと
簡単だけど見た目華やかに。
お酒も週に1～2回なら
飲んでも大丈夫

夕食
・スーパーの刺身で海鮮丼
・ビール小 1 缶（350mℓ）

SUNDAY
日曜日

カロリー無制限、運動もしなくてOK！

この日は待ちに待ったオフデー。
基本的には好きなものを好きなだけ食べてOKです。

あすけんなどの記録もつけませんし、トレーニングも気分がのればやりますが、疲れていたらお休みすることも。

ただし、夕食は20時くらいには食べ終わるようにし、翌日までには消化するようにします。ケーキなど高カロリーのおやつも食べられますし、お酒も飲んでいいので、満たされますよ！

この日のためにがんばっています！
これで来週も乗り切れます

朝食
- 近所のパン屋さんの
  おいしいパンを好きなだけ
- ブラックコーヒー

間食は

- ショートケーキ

幸せ！

昼食

・ファストフードの
フライドチキンセット

早めの夕食

・スーパーのお惣菜
・スーパーのお寿司
・好みのお酒

100点ごはんを支える

ベスト常備菜

やせるごはんを一から作るのは大変ですが、切っておいたものがあったり、
冷蔵庫に何品か作りおきがあれば、それだけでぐんとラクになります。

切るだけ、ゆでるだけ

サラダにも添え野菜にも具にもなる

キャベツのせん切り

材料と作り方（作りやすい分量）

キャベツ1/2個をキャベツ用ピーラーでそぐ（または包丁でせん切りにする）。

＊保存容器に入れ、冷蔵で３日間保存可能

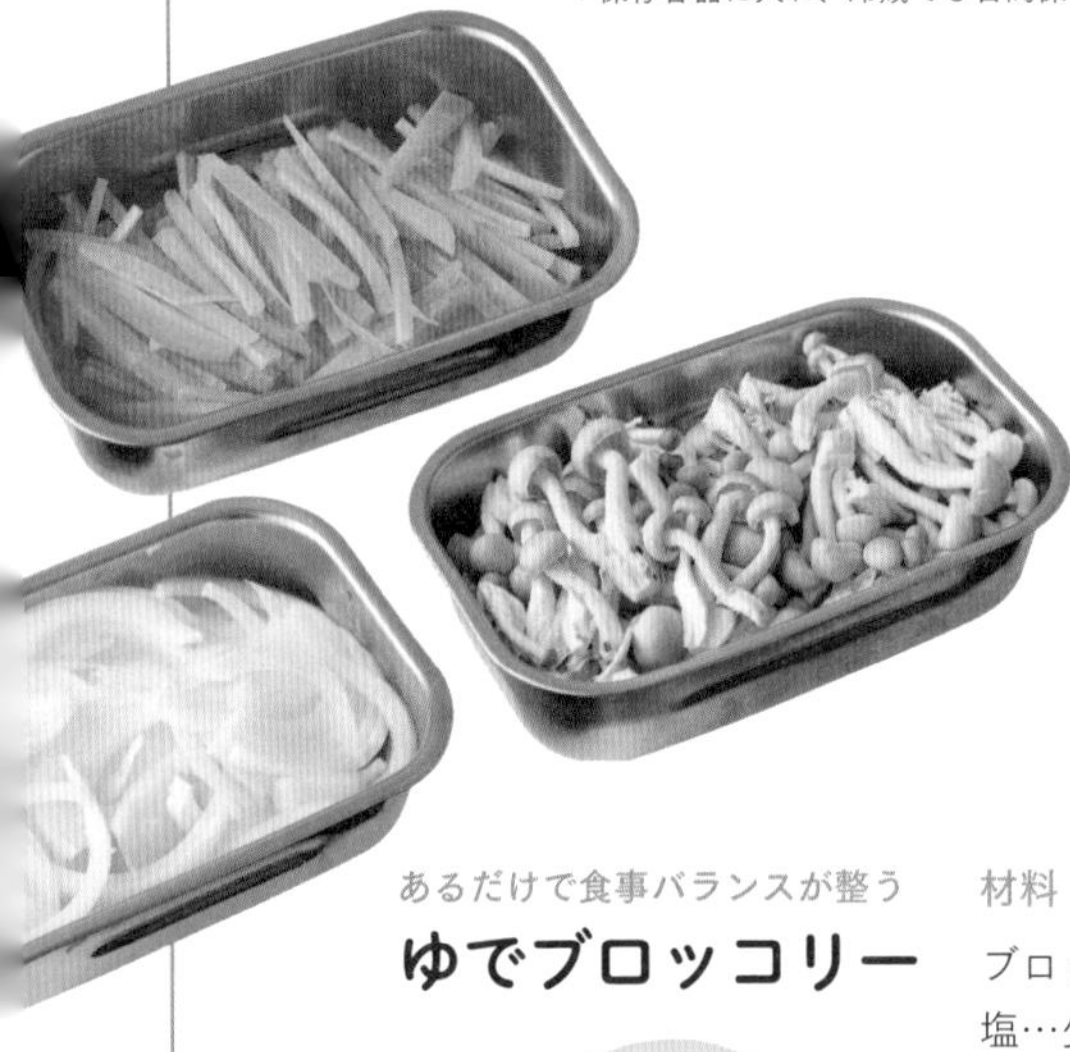

野菜が足りないと思った時に便利

切っておき野菜

材料と作り方（作りやすい分量）

玉ねぎ２個は縦半分に切って縦薄切りに、にんじん１本は４～５㎝長さの細切りに、しめじ１パックは石突きを除いてほぐす。それぞれ保存容器に入れる。

＊冷蔵で３日間保存可能

あるだけで食事バランスが整う

ゆでブロッコリー

材料（作りやすい分量）

ブロッコリー…１株
塩…少々

作り方

ブロッコリーはキッチンバサミで一口大に切り、茎も食べやすく切る。鍋に湯を沸かし、塩を加えて、茎から入れ、30秒たったら残りを入れて２分30秒～３分ゆでる。ざるにあけて冷ます。

＊保存容器に入れ、冷蔵で５日間保存可能

しょうがたっぷりで体が芯から温まる

温活にんじんしりしり

材料（作りやすい分量）

にんじん…1本
しょうが…１かけ
赤とうがらし…１本
（または一味とうがらし少々）
ツナ水煮缶…小1/2缶（40g）
オリーブオイル…小さじ１

A
和風だしの素…小さじ１
オリゴ糖（またはまたは砂糖やラカント）…小さじ１
しょうゆ…小さじ１
酒…小さじ１

作り方

1. にんじんはスライサーで４～５㎝長さのせん切りにする。しょうがはせん切りにする。赤とうがらしは種を除いて小口切りにする。
2. フライパンにオリーブオイルと赤とうがらし、しょうがを入れて、弱火にかける。チリチリと音がしたら、にんじんとツナを加え、よく炒め合わせる。
3. Aを混ぜてからフライパンに回し入れ、よくからめる。

＊保存容器に入れ、冷蔵で５日間保存可能

たんぱく質が足りない時のお助けに

煮卵

材料（作りやすい分量）

卵…５個
A
麺つゆ…50㎖
水…150㎖

＊翌日から食べられるが、２～３日たつとさらに味がなじんでおいしい。
＊冷蔵で５日間保存可能

作り方

1. 鍋に湯を沸かし、卵を入れて好みの加減にゆで、ゆで卵を作る（半熟なら７～８分、かたゆでなら10分が目安）。
2. 氷水に取り出して殻をむく。
3. 保存容器にAを入れ、ゆで卵を入れて、冷蔵庫に一晩おく。

緑黄色野菜が足りないと思ったら

うちのほうれん草のごまあえ

材料（作りやすい分量）

ほうれん草…１束（200g）
あえ衣
黒すりごま…大さじ１
しょうゆ…大さじ1/2
オリゴ糖（または砂糖やラカント）…小さじ１

＊保存容器に入れ、冷蔵で４～５日間保存可能

作り方

1. あえ衣の材料をボウルに入れ、混ぜ合わせる。
2. 鍋に湯を沸かし、ほうれん草を根元から入れ、30秒ほどたったら、葉まで沈めて30秒ゆでる。取り出して氷水にさらし、熱がとれたら水けを絞る。
3. ５㎝長さに切り、１のボウルに加えてあえる。

冷やして食べてもおいしい

ピーマンまんま煮

材料（作りやすい分量）

ピーマン…8個
削りがつお
…小1袋（3g）

煮汁

しょうがのせん切り
…1かけ分
麺つゆ…75mℓ
水…200mℓ

＊冷蔵で5日間保存可能

作り方

1. ピーマンは切らずによく洗い、つまようじなどで4～5カ所穴をあける。
2. 煮汁の材料を鍋に入れ、中火にかける。煮立ったらピーマンを並べ入れ、時々転がしながら煮汁が少なくなるまで煮る。
3. 保存容器に入れて、削りがつおをまぶし、冷蔵庫で冷やす。

ごま油のコクで満足感たっぷりに

なすとエリンギのナムル

材料（作りやすい分量）

なす…2本
エリンギ…大1本

A

顆粒鶏ガラスープの素
…小さじ1
麺つゆ…小さじ1
ごま油…小さじ1

＊保存容器に入れ、冷蔵で
4～5日間保存可能

作り方

1. なすは縦細切りにし、エリンギは細く裂く。
2. 耐熱ボウルに入れて、ふんわりとラップをかけ、600Wの電子レンジで3分加熱する。ざるにあけて水けをきり、そのままおいて粗熱を取り、水けを絞る。
3. Aをボウルに入れて混ぜ、2を加えてあえる。

ツナでたんぱく質がとれる

れんこんとツナのサラダ

材料（作りやすい分量）

れんこん…100g

ツナソース

ツナ水煮缶
…小1/2缶（40g）
マヨネーズ
（カロリー80％オフのもの）…大さじ1
和風だしの素…小さじ1

＊保存容器に入れ、冷蔵で
4～5日間保存可能

作り方

1. れんこんは薄い半月切りにし、酢水（分量外）に5分さらし、ざるにあける。鍋に湯を沸かし、少し透明になるまで2分30秒ゆでてざるにあけ、粗熱を取る。
2. ボウルにツナソースの材料を入れて混ぜ、1を加えてあえる。

だしが全体にしみておいしい

オクラのだし漬け

材料（作りやすい分量）

オクラ…5～10本

漬け汁

- 白だし…大さじ3
- 水…大さじ3

塩…適量

＊冷蔵で4～5日間保存可能

作り方

1. オクラはがくのまわりをぐるりとむき、塩をふって板ずりする。鍋に湯を沸かし、オクラを塩をつけたまま入れ、1分30秒ほどゆでる。氷水にとって冷まし、水けをきってつまようじで3カ所ほど穴をあける。
2. 保存容器に漬け汁の材料を入れ、1を入れて一晩おく。

火を使わずに作れる

長いもの梅あえ

材料（作りやすい分量）

長いも…1/2本（200g）
梅干し…1個
白だし…大さじ1

作り方

1. 長いもは食べやすい大きさの拍子木切りにする。梅干しは種を除いて包丁でたたく。
2. 保存容器に1を入れてよくあえ、白だしを加えてさらにあえる。

＊冷蔵で3日間保存可能

ピーマンやアスパラで作ってもおいしい

スナップえんどうのおかかマヨ

材料（作りやすい分量）

スナップえんどう…20本

A

- マヨネーズ（カロリー80％オフのもの）…大さじ1
- 削りがつお…小1袋（3g）

＊保存容器に入れ、冷蔵で4～5日間保存可能

作り方

1. 鍋に湯を沸かし、スナップえんどうを1分30秒ほどゆでて、ざるにあけて冷ます。
2. 長さを半分に切ってボウルに入れ、Aを加えてよくあえる。

あすけん 100点ごはんのウラ技

りえさんの3月31日のあすけん健康度は？...
100点
今日のPFCアドバイス
たんぱく質
脂質
炭水化物
100g / 103g
33g / 36g
204g / 18
摂取カロリーはちょうど良かったです♪とても上手に
を選べていますね。

ただローカロリーなだけでは、あすけんで100点は取れません。
ここでは、３年以上使い続けてわかった、
あすけん100点攻略のコツを教えます。

＊あすけんには、「基本サービス」（無料）と「プレミアムサービス」（有料）があり、紹介しているのは、プレミアムサービスの機能になります。
＊画像はすべてイメージです。ご紹介している「100点ごはんの裏ワザ」は、ねこくらりえ個人の見解によるものです。

あすけんで高得点を取るには

あすけんのアプリがとくに重要視しているのは、

①エネルギー（摂取カロリー）
②PFC（たんぱく質、脂質、炭水化物）
③食物繊維
④野菜の摂取量
⑤運動消費カロリー

の５つの数値が適正であるかどうかです。

そのほかの数値（ただし嗜好品は除く）は多少適正から外れていても点数に影響しないようです。要は①～⑤を気にすれば、あすけんで100点がに近づけます。

私はビタミンやミネラルが足りない日には、市販のマルチビタミンサプリで補っています！

＼入力した時にここをチェック！／

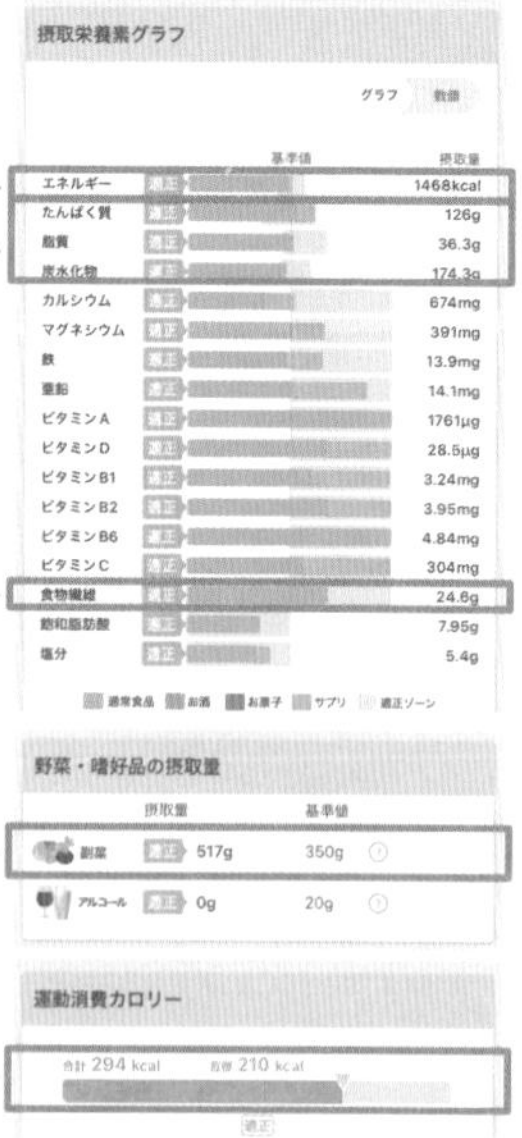

摂取栄養素グラフ
グラフ
数値
基準値
摂取量
エネルギー 適正 1468kcal
たんぱく質 適正 126g
脂質 適正 36.3g
炭水化物 適正 174.3g
カルシウム 適正 674mg
マグネシウム 適正 391mg
鉄 適正 13.9mg
亜鉛 適正 14.1mg
ビタミンA 適正 1761μg
ビタミンD 適正 28.5μg
ビタミンB1 適正 3.24mg
ビタミンB2 適正 3.95mg
ビタミンB6 適正 4.84mg
ビタミンC 適正 304mg
食物繊維 適正 24.6g
飽和脂肪酸 適正 7.95g
塩分 適正 5.4g
通常食品 お酒 お菓子 サプリ 適正ゾーン
野菜・嗜好品の摂取量
摂取量
基準値
副菜 適正 517g 350g
アルコール 適正 0g 20g
運動消費カロリー
合計 294 kcal
目標 210 kcal
適正

①エネルギーと②PFCを適正にするには

→夕食は先に入力して、食べていい量を調整

昼食をとった時点で、夕食で食べる予定の料理を先に入力し、エネルギー（摂取カロリー）やPFCバランスが崩れていないかをチェック。

カロリーが高い時は、調理方法を工夫して、蒸し料理にしたり、野菜でボリュームアップさせたりします。

脂質を抑えてたんぱく質を足したい時は、食事に加え、プロテイン飲料を飲んだりしていました。

③食物繊維と④野菜の摂取量を適正にするには

→常備菜と焼きいもで野菜をとる

時間のある時に野菜の常備菜（P70〜73）を作っておき、冷蔵庫にキープ。凝ったものは作らず、切っておくだけ、ゆでておくだけのものや、火を使わない料理なども取り入れています。また、食物繊維が豊富で、重量がある焼きいもはあすけん生活の救世主。間食や夕飯に取り入れて野菜摂取量を増やしています。

冷蔵庫に常備菜が2、3品あれば、主菜を作るだけでバランスのよい献立に。

---

⑤運動消費カロリーを適正にするには

→買い物で歩いた分や家事も運動として登録する

知らない人も多いようですが、あすけんで100点を取るには、運動は必須です。とはいえ、運動する時間がなかったり、疲れていて難しい時も。あすけんでは、ヨガやストレッチなどの軽い運動はもちろん、ウォーキングの歩数や、掃除・洗濯といった家事も運動に含まれますので、すかさず入力して、運動量を稼ぎましょう。

＼ 入力のコツ ／

あすけんの便利機能を使ってラクをする

あすけんには、便利な機能がたくさんついています。私がおすすめするのは、「MYレシピ」「MYアイテム」「MYセット」という３つの機能。

「MYレシピ」は自分のオリジナルレシピを登録しておける機能です。使う材料を入力しておくと、栄養計算もしてくれ、自分のつけた料理名で登録できるようになるので、次に作った時に入力するのがラクになります。

「MYアイテム」は、海外のお菓子や、ちょっとマニアックな調味料など、あすけんに登録されていない商品の栄養成分を登録しておける機能です。パッケージの栄養表示を入力・登録しておくと、次からはその商品名で検索できるようになります。

「MYセット」はいつも食べる組み合わせをセットにできる機能。例えば朝食のメニューがいつも同じという人は、「オートミール、牛乳、ゆで卵」など、複数のアイテムをセットにして、「朝食定番」と名前をつけて登録。入力時にその名前で一度に入力ができるようになります。

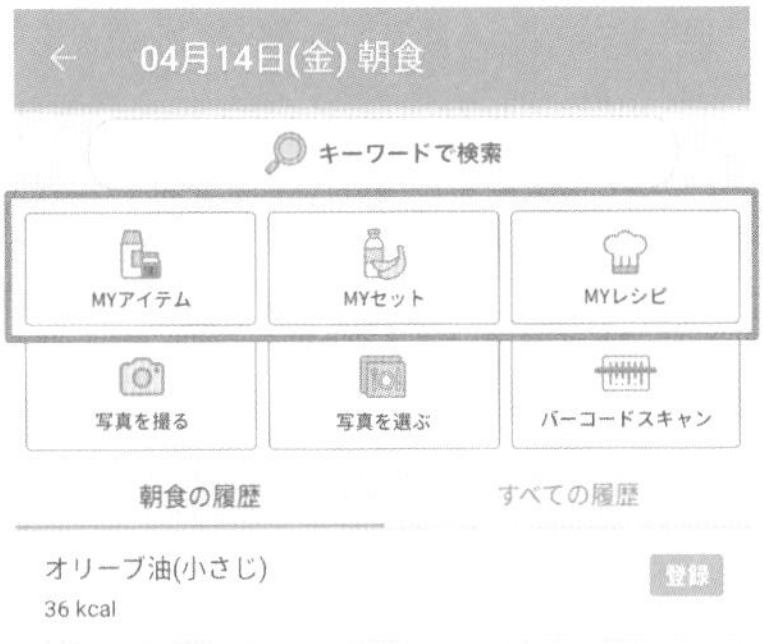

← 04月14日(金) 朝食
キーワードで検索
MYアイテム
MYセット
MYレシピ
写真を撮る
写真を選ぶ
バーコードスキャン
朝食の履歴
すべての履歴
オリーブ油(小さじ)
36 kcal
登録

「MYレシピ」「MYアイテム」「MYセット」の機能は、いずれも食事の入力画面に移動した時に画面上部に表示されます。それぞれのアイコンをクリックし、入力すればOK。

「やせるごはん」で変わったこと①

野菜のおいしい食べ方をマスター

ここで、やせるごはんを続けるうちに起こった、私の体の変化について振り返ってみます。

「あすけん」で100点を取るための一番の課題は、野菜を一日350g以上とることでした。

野菜には、ダイエットに欠かせない栄養素がたくさん含まれています。ビタミン・ミネラルは補酵素となり、代謝を助け、食物繊維には血糖値の上昇や脂肪の吸収を抑える働きがあります。しかもたくさん食べても低カロリーで食の満足感も得られるので、特にダイエット中は積極的に野菜をとるよう推奨されています。

ところが、それまでインスタントラーメンやら揚げものを食べていた私が、いきなりおいしい野菜料理をあれこれ作れるわけもなく……。まずは、健康的な食材の組み合わせを知ることからと、キャベツの塩こしょう炒めやサラダなど、とにかく簡単な料理から作りはじめました。味は二の次三の次です。

正直、心の中では「え!?　一人前の肉ってこれだけ!?」「味がしないし、とにかくおいしく感じゃない」「野菜ばっかりムシャムシャ食べて、うさぎにでもなった気分……」とぼやきつつも、がんばって食べていた感じでした。

それでも続けられたのは、完璧を目指さなかったから。レンジでチンしてノンオイルドレッシングをかけるだけとか、料理がストレスにならないようハードルを下げたことがポイントだと思います。そのうちにおいしい野菜の食べ方のバリエーションも広がり、徐々に素材のおいしさを味わえるようになりました。

よく料理が苦手だからダイエットが難しいという方がいますが、私も最初は麺つゆと鶏ガラスープの素と市販の合わせ酢でなんとか食べられるものを作っていましたよ！

それでも、しばらくはこってりした料理が恋しかったのも事実です。野菜たっぷりのやせるごはんに慣れるまでは、3ヵ月くらいかかりました。舌よりも体の変化のほうが早かったです。「何だか体の調子がいい！」。そうなると、舌より体が野菜を求めてくるようになるから不思議です。

ヘルシーごはんは、味覚より先に体を変えてくれる

「やせるごはん」で変わったこと②

気づけば猛烈な食欲が消えていた

「何だか体の調子がいい！」という感覚は、ずいぶん久しぶりでした。こってり味が恋しいと言いながらも、野菜を一日３５０ｇとるようになってひと月がたつころ、うれしい変化が表れはじめたのです。

まず、かつての猛烈な食欲を感じなくなっていました。カロリーは以前より少なく、消化されやすい内容に変わっているから腹持ちはよくないはずなのに「空腹感はあっても飢餓感がない」。むさぼるような食べ方もしなくなりました。

舌が求めるものでなく、栄養を目的とした食事（たんぱく質、脂質、炭水化物のバランスをよくし、ビタミンも摂取。糖質も制限しすぎないで体に必要な分はとる）は、最初こそ「味気ない」とぼやくことも多かったけれど、好きなものが食べられないイライラは不思議と感じませんでした。精神的にも、とても穏やかになりました。

特に「あすけん100点生活」を目指して、野菜や肉や魚、豆、ご飯と、さまざまな食材をとることで、食べた直後はすごくお腹いっぱいになりますが、消化も早く、ちゃんと次の空腹感を得られるのが新鮮でした。

ダイエット前はお腹が空かなくても惰性で食べるか、もしくは一食抜いてお腹がペコペコになって爆食するか。あのころは一日中、食べ物のことばかりを考えている状態だったんだなぁとつくづく感じました。

「空腹睡眠」（お腹が空いた状態で寝ることでもたらされるダイエット効果）という言葉は、後で知ったのですが、食事の改善をはじめてからは、自然とお腹が空いた状態で寝ていました。それも我慢でなく気持ちよくです。

「もしかして、人間の体って必要な栄養素がちゃんと与えられていたら、異常な食欲ってわかないのかな」と、ある時ふと感じました。栄養をとったほうが健康にいいことは、子どもでもわかるけれど、体でそれを実感したのは初めてのことでした。

そこから、さらにあすけんを信用するようになり、健康的な食事のありがたさに感謝するようにもなっていきました。

食欲は体からのサイン。まずは栄養で体を満たしてあげよう

週1の完全オフデーを設けたワケ

私は週に1回、ダイエットを休む「オフデー」を作っています。これは、ダイエットを加速させるために計画的に行なう、チートデーではありません。

私のオフデーは、ダイエットから自分を解放し、心を自由にする一日です。食べたいものを好きに食べ、あすけんのアプリも開きません。宅トレも、ダイエットをはじめてから1年半は無しにしていました（最近は、ストレッチやヨガをする日もあります）。気にするのは、食事を午後8時くらいまでに終えることと、水を1・5ℓ飲むことくらいです。

「それでやせられるの？」と思いますよね。大丈夫です。人の体はそう簡単に変わらない。それは自分の体でずっと証明してきました。一日ではやせないのと同じで、むくむことはあっても一日では太りません。次の日に体重が増えていたとしたら、食べたものの残留量と水分量です。

また翌日から、あすけんの生活に戻って、しっかりと栄養を考えた食事に戻せば問題ありません。

オフデーは、次の1週間をがんばるために休む、攻めのサボりです。

メリットはいろいろありますが、まずは暴飲暴食の抑止力になること。衝動的に何かを食べたいと思っても「よし、オフデーの時に食べよう」と目の前の食欲を一旦脇へ置くことができます。そうした欲求って案外一時的なもので、実際のオフデーには忘れていることもありました。

宅トレを休むことも、意識的に体の疲労をしっかり取ることでケガの防止になるし、結果的に長く、楽しく運動ができることにもつながります。

ダイエット以外の楽しみが持てるのも、うれしいことのひとつ。ダイエット中だと、会食やお出かけの誘いがストレスに感じることがありますが、オフデーにすれば思い切り楽しめます。


ダイエットの初めからオフデーを取り入れたおかげで1年間がんばれたというよりも、むしろオフデーを導入していなかったら、25kgもの減量はなかったなと確信しています。

ちなみに私の場合、オフデーが週2回だとやせるスピードは緩やかになり、週3回では現状維持でした。ぜひ体の様子を観察しながら状況に合わせて、頻度と回数を決めてみてくださいね。

☑ダイエットを続けるためにも、好物と訣別しないほうがいい

ある日のオフデー。揚げもの、寿司、ビールで昼から夫と宴。

水は最強のダイエットドリンク

「やせたいなら水をたくさん飲むといい」

皆さんも一度は聞いたことがある話だと思います。私はというと、水を飲んだらむくむとかたくなに思い込んで、試したことはありませんでした。

私にとってむくみは、長年の深刻な悩みでした。いつも手足がパンパンで排尿も少なく、腎機能の障害を疑って泌尿器科へ行ったこともあります。

ところが今回のダイエットで水をしっかり飲むようになったら、体の変化にびっくり！

まず、尿の量です。以前は本当に、古い建物の蛇口の水みたいにチョロチョロ少し出て終わりだったのが、勢いよくジャー。これが快感で仕方がない。毎朝起きると立てないほどに痛かった脚のむくみもなくなったし、肌荒れも減りました。

水を飲みはじめて1ヵ月が過ぎるころ、ようやく排出機能がまともになり、内側から体質が改善されたんだなと感じられて、ものすごくうれしかったのを覚えています。

実は、コーヒーやお茶などのドリンク類ももちろん水分補給になるのですが、純粋な水分以外にほかの成分（カフェインや糖分やアルコール、ショ糖など）も入っているため、飲めば飲むほど別の作用も体にもたらされます。水は不純物がない分、体に余計な負担をかけず、体内の毒素を抽出、ろ過して体外へ排出してくれる、シンプルで最強のダイエットドリンクなのです。

最初は苦手だった水飲みですが、いいことしかないので続けているうちにすっかり定着しました。

一日に飲む水の量は、今はだいたい1・5ℓ。午前中は宅トレで喉も渇くので多めに飲み、トータルで1ℓぐらいすぐ飲めてしまいます。残り500㎖ほどは、昼から夜の間にゆっくりと。すると、私は夜中にトイレで起きることもありません。

水が飲みにくいと感じる方は、口の中を潤す感覚で少しずつ回数を増やしていくといいでしょう。白湯や炭酸水に代えたり、スライスしたレモンでフレーバーをつけるのもおすすめです。

☑ 午前中に多めに水を飲むと、一日のデトックス効果が高い

飲むたびに「水うま〜」と言うようにして、苦手意識を克服！

甘いものとの付き合い方

よく「どうしても甘いものがやめられないのですが、どうしたらいいですか？」という質問をいただきます。

私はまず、「糖質は足りてますか？」と問い返してみます。

甘いものを衝動的にドカ食いしたくなるのは、実は糖質制限している方に多いようです。過度に糖を制限した反動かもしれません。もし思い当たるなら、食事の中でご飯やいもなどから、加工していない糖質をしっかりとってみましょう。

2つ目の対処法は、週1回のオフデー（P80参照）で解放すること。私もこの日ばかりは、ちょっと贅沢なスイーツを買ったりしておやつタイムを堪能しています。甘いものへの欲求が抑えられず、「砂糖依存症かも」と気になる方も、砂糖との距離を6日間おくことで、徐々に適正量や正しい味覚を取り戻すのを助けます。これはアルコールにも言えることです。

3つ目は甘いものをヘルシーなおやつに置き換える方法です。おすすめはさつまいも。中でも「紅はるか」は、じっくりオーブンで焼くとねっとり甘く、もはや和スイーツの域！　栄養価の高いドライデーツも甘みが強く、干し柿や黒糖に似たコク深い味わいがして私のお気に入りです。

4つ目は、オリゴ糖を入れたココアを飲むなど、しっかりとした甘さを少量だけとるという方法。ケーキやお菓子に比べたら脂質も添加物も少ないので、そこまで問題ありません。生理前などどうしても砂糖の甘さが欲しくなる時も、この方法で乗り切っています。あすけんでも、一日200kcal以内の間食や、適量のアルコールはOK。本書では、一日1回、ヘルシーなおやつを取り入れた1週間メニュー（P46～）をご紹介しているのでお役立てください。

最後は、良質な睡眠です。睡眠不足だと、食欲抑制ホルモンが減少し、食欲増進ホルモンが増加します。深夜についつい食べたくなるのは、この働きからくるという説もあります。特に甘いもの、塩味の強いもの、炭水化物を欲する傾向にあるそうです。

ダイエットに成功した今でも、睡眠不足が続くと無性に余計なものが食べたくなってきます。そんな時は30分でもいいから早く寝る。意識して数日も続ければ、欲求がすっと落ち着きます。

☑ 嗜好品とはよい距離感を保つ工夫を

やせるごはん作りに便利な道具

自炊がしんどい時に助けてくれる
便利な道具がこちらです。

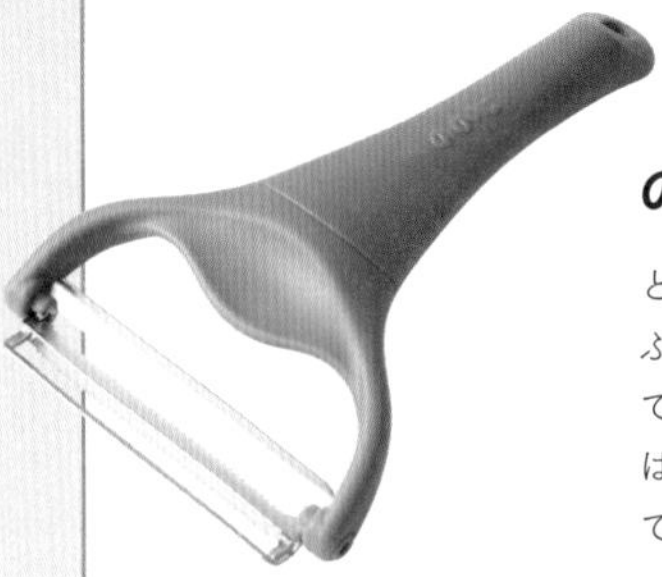

ののじのキャベツピーラー

とんかつ屋さんの添えキャベツのようなふわふわのキャベツのせん切りが作れるピーラーです。常備菜のキャベツのせん切り（P70）はいつもこれで作ります。刃の幅が広いので、キャベツ1/2個が１分ほどで完了。

OXOのグリーンセーバーフードキーパー

キャベツのせん切り（P70）や切っておき野菜（P70）を保存するのにぴったり。野菜が放出するエチレンガスを、活性炭入りリフィルが吸収し、腐敗を防いでくれるので、持ちがぐんとアップします。

ガラスの保存容器

常備菜の食べ忘れをなくすのが、耐熱ガラスでできた透明の容器です。レンジ加熱ができ、洗うと匂いが取れやすく、プラスチックの容器に比べて長持ちするのも使うメリット。

シリコン刷毛（シリコンブラシ）

やせるごはん作りでは、焼き油や炒め油はかなり少量。刷毛でフライパンや鍋に油を広げてから食材を入れていきます。そんな時にシリコン製の刷毛だとスムーズにのばせて、食洗器でも洗えるので、扱いがラクです。

Chapter 3

やればやせる宅トレ術

なぜ宅トレなのか

運動は、自宅でのトレーニング（宅トレ）からはじめました。3年たった今も続いています。「なんで宅トレ？」とよく聞かれます。ちょうどコロナ禍でジムが全国的に閉鎖されていた時期だったというのもありますが、何といってもパッと思いついたらパッとできるっていうのが、宅トレのいいところです。

どんなにボサボサ頭でも、自宅ならウェアに着替えて、マットを敷けば、あとは何も気にせずマイペースで行なえるから、ズボラな私にぴったり。ジムの鏡に映る自分の姿が恥ずかしい、みたいな自意識過剰になる心配もいりません。続かない言い訳になる要素は徹底して潰しておきたかったのです。

実は、ダイエットをはじめた当初、近所を15分ほど歩いてみたのですが、すぐに膝が悲鳴を上げてしまい、強制終了。そこで、部屋の隅でオブジェ化していたエアロバイクを何年かぶりに復活させて5分こぎはじめたのが、宅トレのはじまりです。

たったそれだけ?と笑われそうですが、当時の私が、これなら続けられると思えたのが5分。最初のハードルは低くていいのです。キツい時は焦らずに「私は運動をはじめたばかりの赤ちゃん。焦らない」とつぶやきながら、一心にペダルを踏んでいました。

さらに筋力トレーニングとしてエルボープランク（P93参照）を追加。私は「30日プランクチャレンジ」という無料アプリを利用しました。

初級編だと3種類くらいの運動パターンを10秒からはじめて、日を追っていくごとに20秒、30秒と長くなり、最後は1分以上プランクができるようになっていくという内容です。最初のころは、全身がプルプル震えて肘も痛い。10秒どころか1秒でギブアップ！　それでも続けるうちに2秒、2・5秒と、ちょっとずつプランクの時間が長くなっていきました。

「とにかくやれば終わる！」の言葉を胸に、30日間プランクをやりきった時のうれしかったこと！　小さな自信と、続けてこそわかる爽快感も手に入れたようでした。

現在は、週に4回、1時間くらいかけて宅トレしています。

有名なジムやパーソナルトレーニングも、やめたら運動そのものをやめちゃう人も多いですよね。結果的に、自分自身で自発的にやるクセをつけたのはすごくよかったと思っています。

1年後に笑うのは、「たった5分でもやる」と続けたあなた

実録

一日のトレーニングメニュー

ここからは私の宅トレ内容を紹介します。
週に4日ほどこのようなメニューで行ない、
疲れている日はストレッチやヨガだけやることも。
YouTubeの動画も積極的に活用し、自分を飽きさせないようにしています。

一日のトレーニング例

8:00

午前 約60分

準備運動……3分
エルボープランク（P93）……3分
自重トレーニング（P92〜97）……3分
YouTube動画で下半身か上半身のどちらかを鍛える（P104）……20分
エアロバイクやウォーキングで有酸素運動（P98）……30分

14:00

暮らしの中で

家事などでこまめに動き、買い物に行く時は車に乗らずに歩く

夜10分

元気があれば、入浴前に
YouTube動画でダンスプログラム
を行なう（P105）……………………… 10分

寝る前10分

ヨガ（P100）やYouTube動画で
ストレッチ（P105）を行なう…… 10分

効く！

自重トレーニング ベスト5

自重トレーニングで体幹を鍛える

自分の体重で負荷をかけるため、特別な道具がいらないのが自重トレーニングの最大のメリット。体幹を中心に鍛えることで、胴体の大きな筋肉を動かすことになり、代謝が上がり、ダイエット効果が高いと言われています。

宅トレをする時は、まずは体幹を鍛える自重トレーニングを行ない、体のバランスを整えてから有酸素運動をするようにすると、効果が高まると言われているので、私もそうしています。

これがあるだけで快適！ 宅トレグッズ

ヨガマット

ヨガマットは宅トレの必需品。いろいろな厚みのものが売られていますが、薄すぎるとトレーニング中痛いし、厚すぎてもフカフカして運動しづらいので、厚さ6〜8㎜くらいのものがおすすめ。

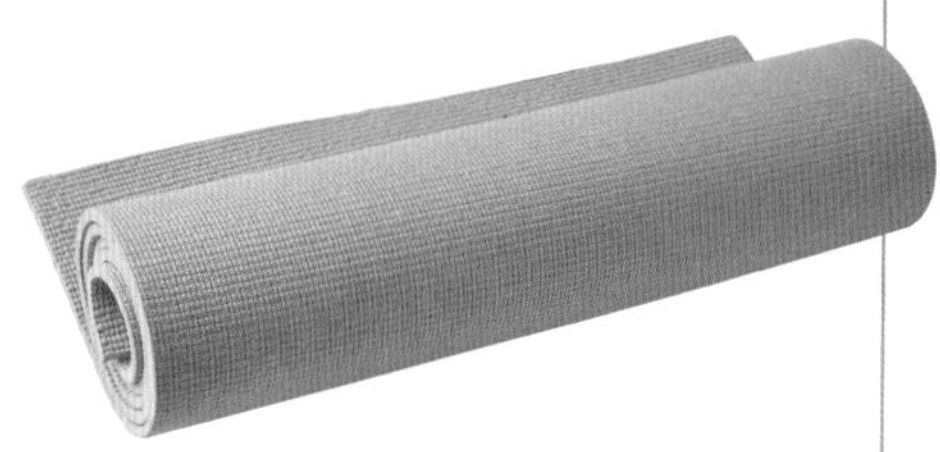

スポーツブラ

胸は激しく揺れるとたれてしまうので、宅トレでも必ずスポーツブラをつけて！ **私はトレーニング開始当初、スポーツブラなしだったのでたれてしまい、そのまま戻りません（泣）**。スポーツブラが窮屈でいやな人はバストサポートバンドでも。

肘サポーター

肘を床につけて行なうトレーニングが多いため、肘に痛みを感じたり、肘の皮がむけることも。そんな時にサポーターがあると痛みが軽減します。

エルボープランク

頭からかかとまでを一直線に保ち、お腹の力を抜かないのがポイント。
全身の引き締めに効果があります。

回数の目安　30秒キープ×まずは1回から！

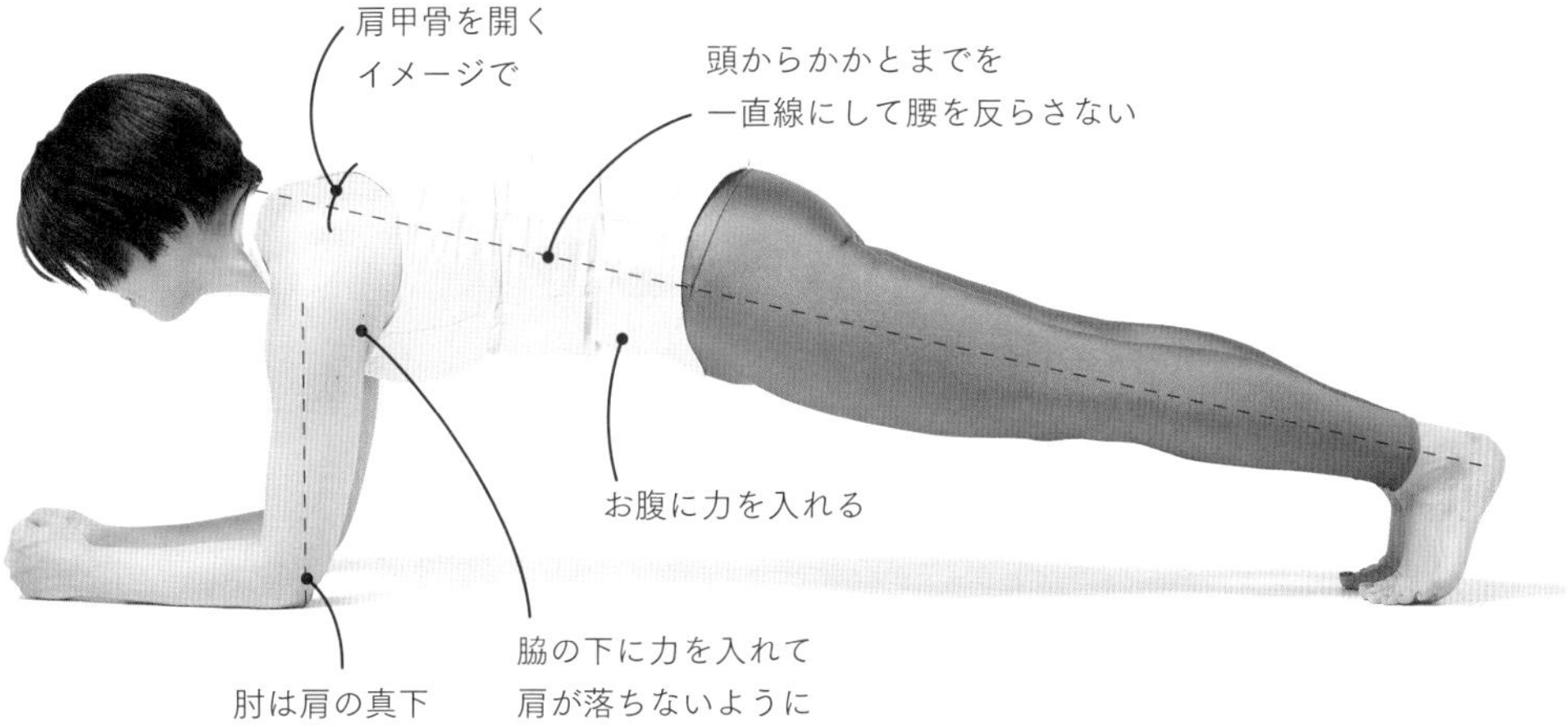
肩甲骨を開く
イメージで
頭からかかとまでを
一直線にして腰を反らさない
お腹に力を入れる
脇の下に力を入れて
肩が落ちないように
肘は肩の真下

特にここに効く！
お腹、背中、お尻、二の腕

サイドプランク

こちらも頭からかかとまでを一直線に保ち、
お腹の力を抜かないのがポイント。反対側も同様に行ないます。

回数の目安　**30秒キープ×まずは左右各1回から!**

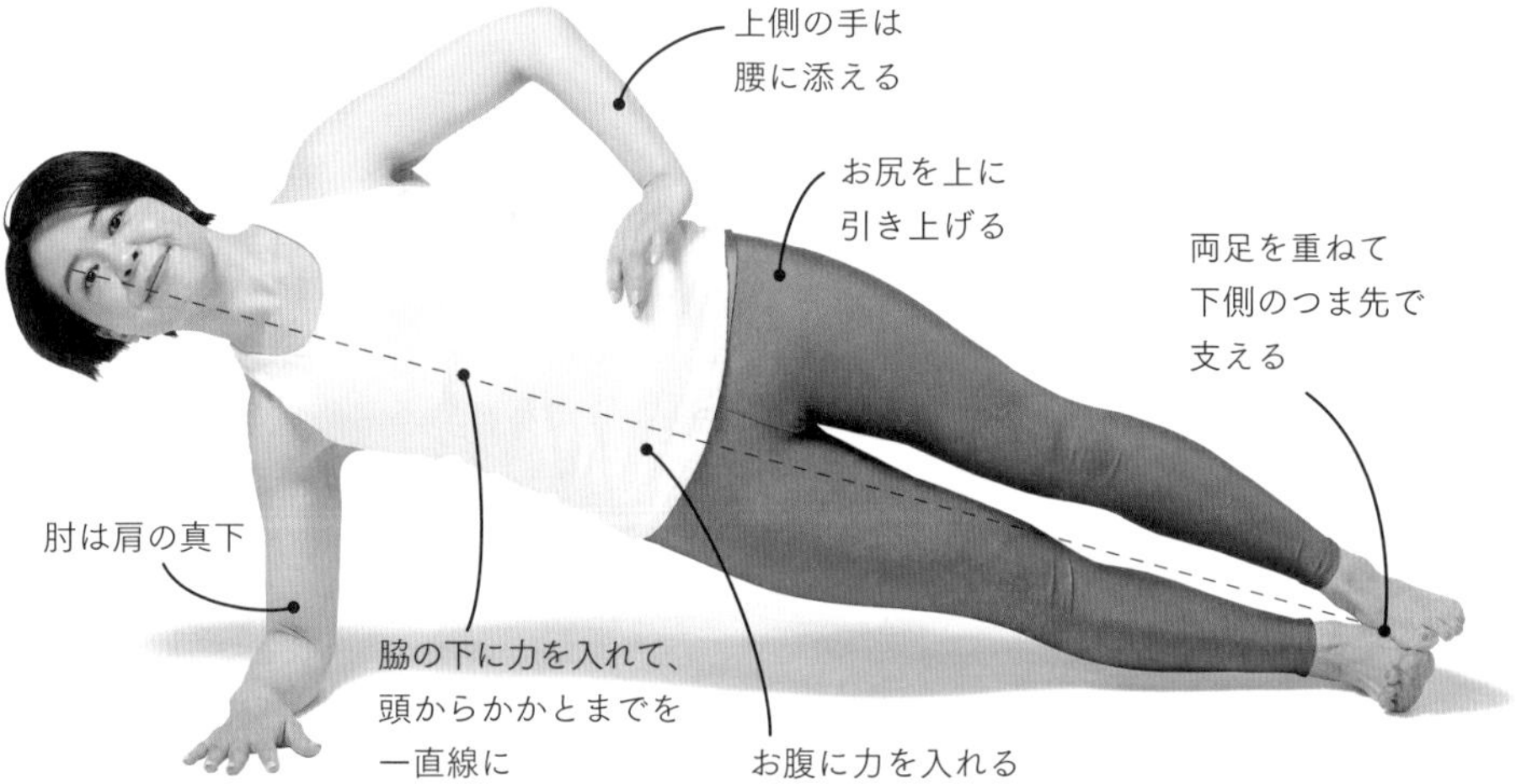

上側の手は
腰に添える
お尻を上に
引き上げる
両足を重ねて
下側のつま先で
支える
肘は肩の真下
脇の下に力を入れて、
頭からかかとまでを
一直線に
お腹に力を入れる

難しい場合は…

膝を曲げて重ね、
膝から下を床につけ、
体を支える。
そのほかは同様に行なう

特にここに効く!

脇腹、背中、脚全体、二の腕

スクワット

下半身の大きな筋肉を動かすため、ダイエットに最適。
正しいフォームで行なうことが大切です。

回数の目安　1と2を繰り返す×10回

2 太ももが床と平行になるようにゆっくりかがみ、1の姿勢にゆっくり戻す

1 足を肩幅に開いて立つ

お腹に力を入れて
腰を反らさない
膝は
つま先より
前に出さない
椅子に座る
イメージで
お尻を突き出す
太ももは
床と平行

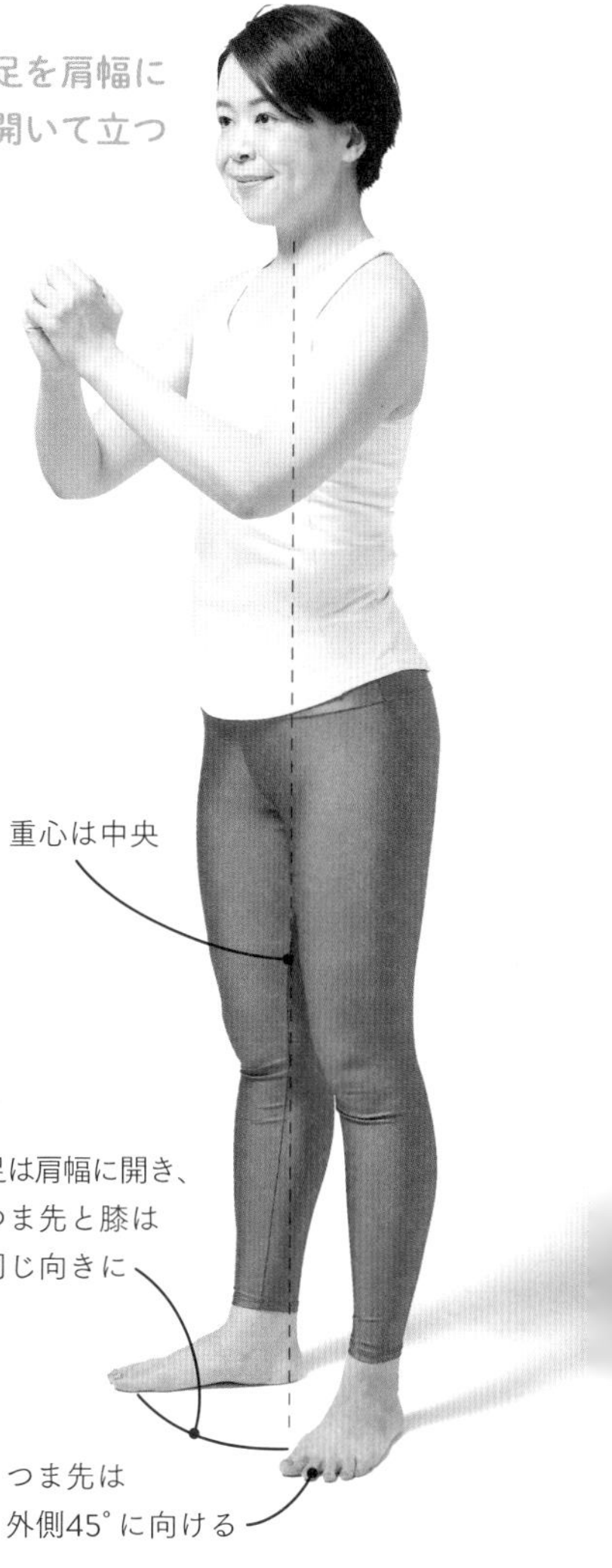
重心は中央
足は肩幅に開き、
つま先と膝は
同じ向きに
つま先は
外側45°に向ける

特にここに効く！
お尻、太もも、ふくらはぎ

ドンキーキック

ヒップアップに効果的なトレーニングです。
膝が外を向かないように直角に曲げ、腰が反りすぎないように注意しましょう。

回数の目安　**左右各30回**

1 四つ這いになる

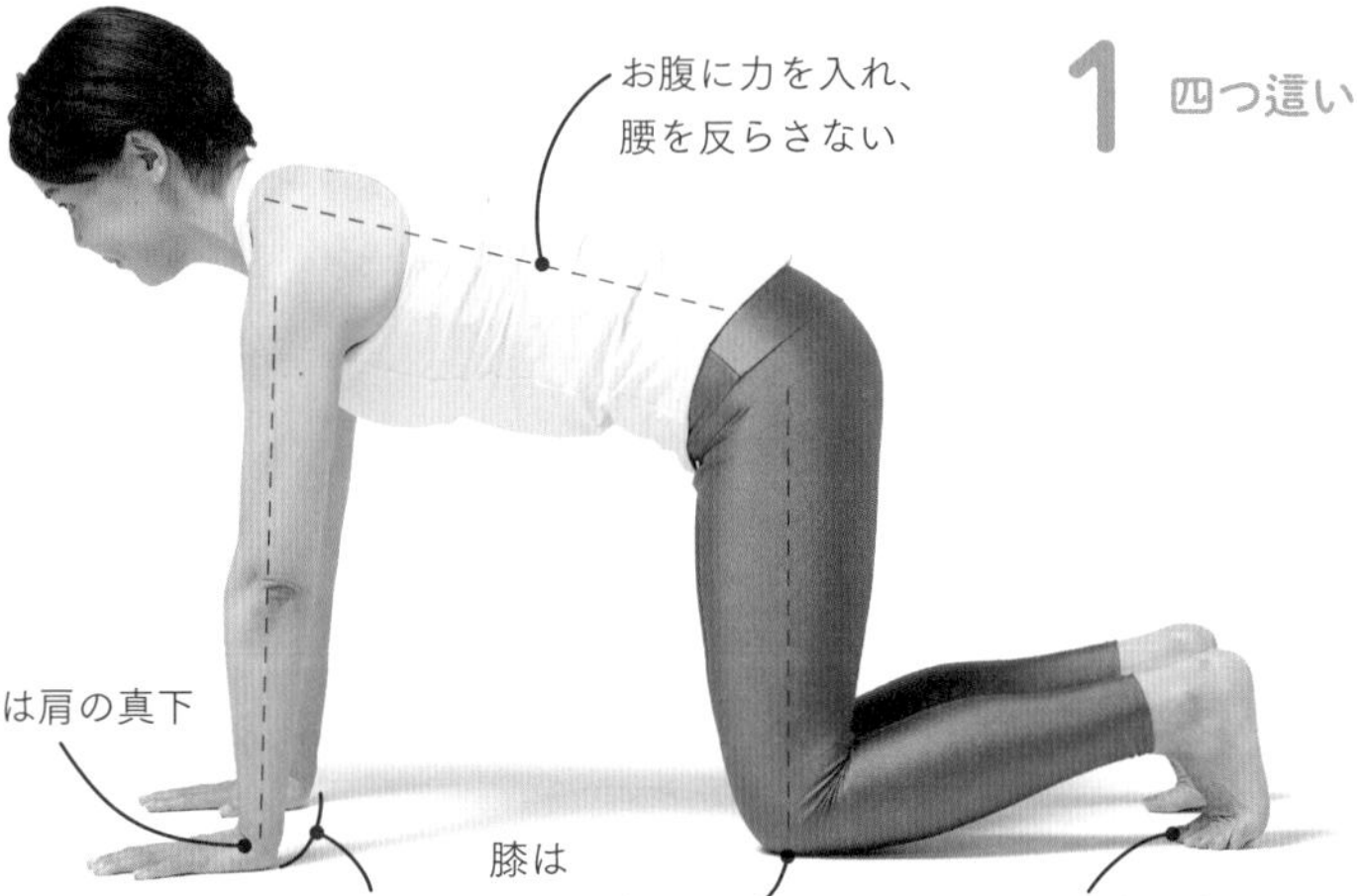

お腹に力を入れ、
腰を反らさない
手は肩の真下
両手は肩幅に開く
膝は
お尻の真下
つま先を立てる

2 片足を上がるところまで上げ、膝をつかずに1の姿勢に戻る。これを繰り返す

かかとは天井に
向けて押し出す
膝は90°
お腹の力を
抜かない

特にここに効く！

お尻、太もも

ヒップリフト

ヒップアップとウエストの引き締めに効果的なトレーニング。
骨盤を後傾させてからお尻を持ち上げるのがコツです。

回数の目安　1と2を繰り返す×30回

1 仰向けになり、両膝を立て、お腹に力を入れて1秒キープ

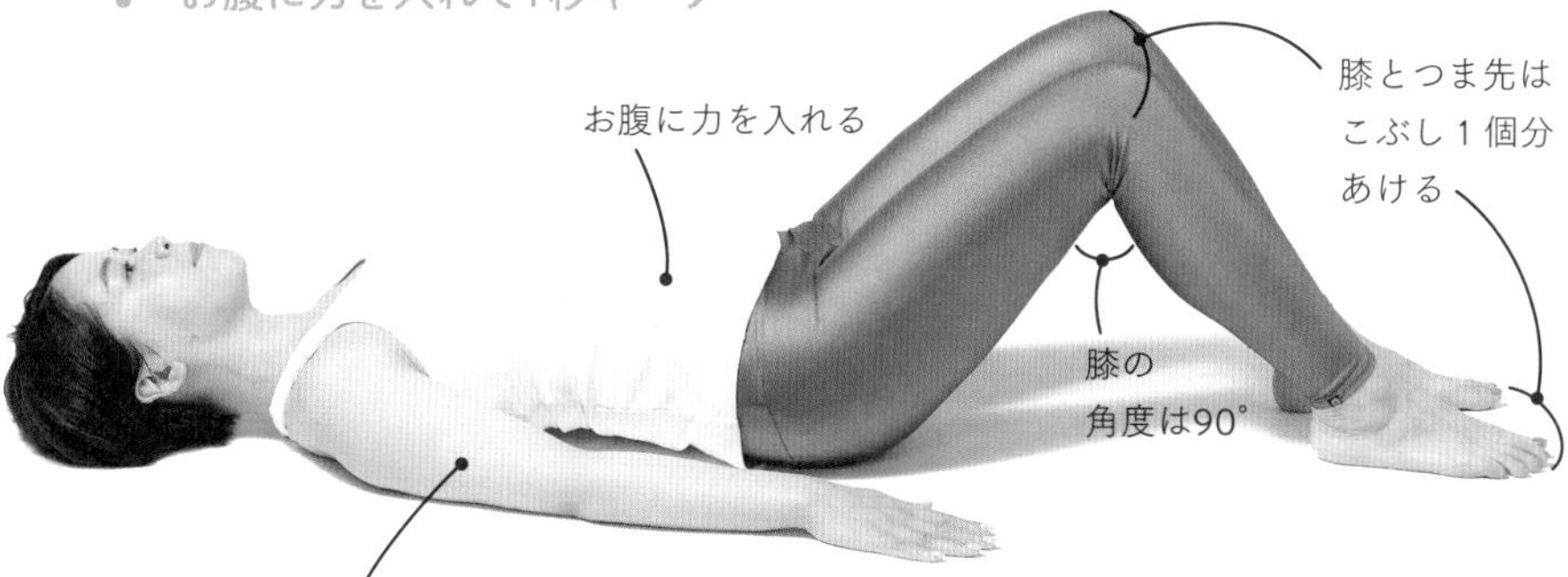
お腹に力を入れる
膝とつま先は
こぶし1個分
あける
膝の
角度は90°
腕は床につける

2 お尻を持ち上げ、1秒キープし、1の姿勢のお尻が床につくすれすれまで下ろす

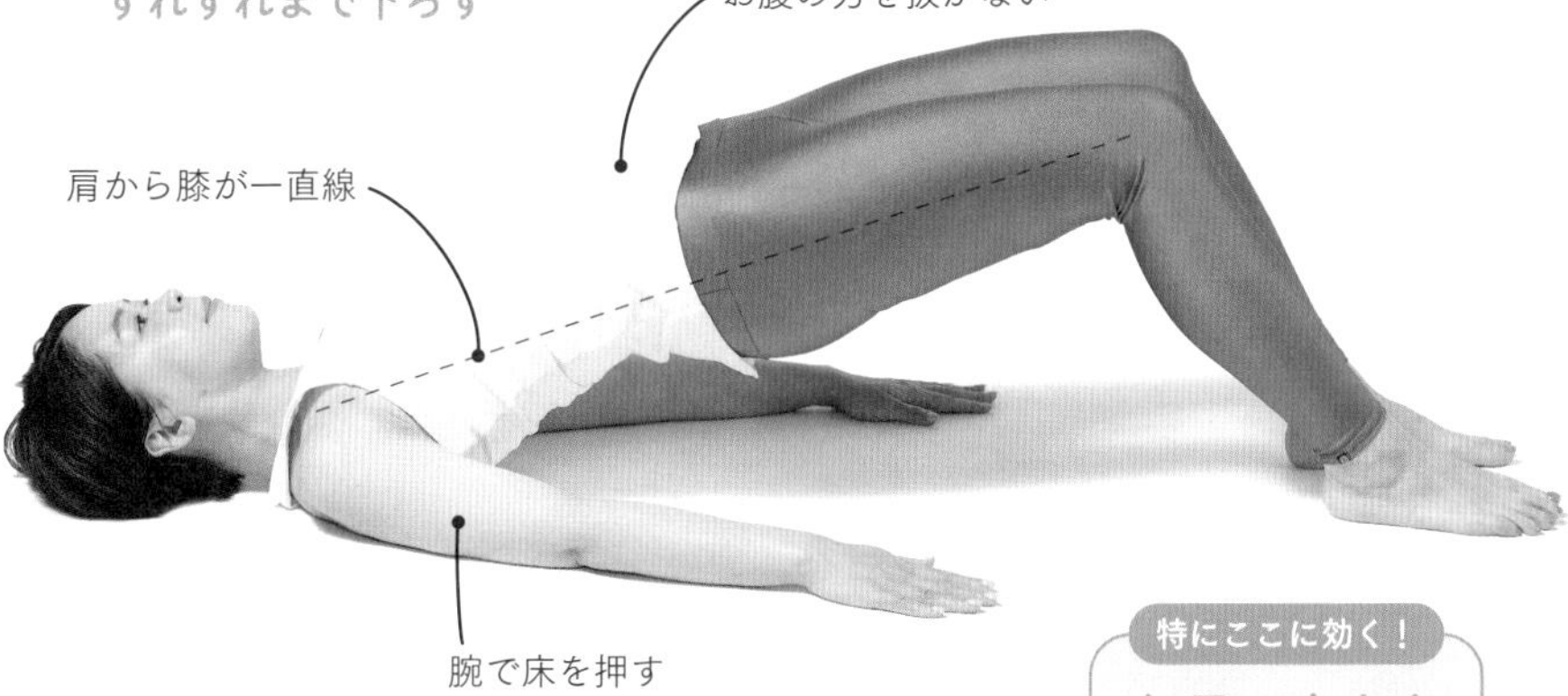
お腹の力を抜かない
肩から膝が一直線
腕で床を押す

特にここに効く！
お尻、太もも

＼ 宅トレに ／

有酸素運動を取り入れる

せっかくトレーニングをするのであれば、
脂肪を燃やす効果の高い有酸素運動を取り入れてみて。
スマートウォッチなどで心拍数をチェックしながら行なうのがおすすめです。

※このページの心拍数の目安は、健康な成人女性の場合です。
心拍数の目安は、年齢や健康状態によっても変わります。

有酸素運動とは

有酸素運動は、軽～中程度の負荷をかけて行なうトレーニングで、活動のエネルギー源として体脂肪を使うので、脂肪燃焼効果が高いと言われています。

いろいろな説がありますが、筋トレや体幹トレーニングには引き締める効果はあるけれど、私の経験上、それだけでやせるのは難しいと感じました。有酸素運動を行なうようになってから、脂肪燃焼効果で体がサイズダウンした気がしています。

有酸素運動はちょうどよく負荷をかけ続けるのが難しいのですが、スマートウォッチなどで、心拍数を100～120にキープするのがコツ。スマートウォッチがなければ、息はハアハアしていても隣に人がいたら話せる程度の負荷を目安にします。

さらに強度が上がると無酸素運動になり、こちらも取り入れるとよいという説もありますが、運動初心者にはきつく感じられるでしょう。私はきつくて運動するのがイヤになってしまうよりも、やっていて気持ちのよい運動のほうが続くと思ったので、有酸素運動をおすすめしています。

エアロバイク

エアロバイクは普段私が行なっている有酸素運動です。心拍数が120くらいになるよう負荷を調整しながら、一日30分ほどこぎます。

踏み台昇降やステッパー

階段を使った踏み台昇降や、ステッパーも有酸素運動になります。こちらは毎日ではなく、気が付いた時に１回10分ほどを２、３セット行なうようにしています。

早歩きやスロージョギング

天気のよい日は、隣で走っている人と話せるくらいの速度の早歩きを30分ほど行ないます。大股で歩くのがコツで、朝散歩がてら行なったり、買い物に行く時にわざと歩いて往復したりと、無理なく取り入れています。足を痛めないようにスニーカーを履き、日焼け対策の帽子も忘れずに。

寝る前に癒される

ヨガのおすすめポーズ

ストレッチ効果はもちろん、心のバランスも整う気がして、
寝る前にはヨガを取り入れています。ストレスを感じる時、
眠りが浅い時などにもおすすめです。
猫が病気になって気分が落ち込んだ時に、ヨガをしてかなり救われました。
呼吸を意識しながら行ないましょう。

糸通しのポーズ

背中を伸ばしながら、上半身をひねるので、
猫背予防やウエストのくびれ効果も。腰の位置を変えずに行なうのがポイント。

回数の目安　左右各1〜3回

1 四つ這いになる

自然な呼吸
スー、ハー
お腹に力を入れ、
腰を反らさない
肩幅に開く
手は肩の真下
膝は
お尻の真下
つま先を立てる

2 肩を開くように片方の腕を上げる

肩を開く
口から吸い込む
スー
腰を反らさない
腰からひねり、
腰の位置は動かさない

3 上げた腕を反対の腕の下にくぐらせ、30秒キープする。1の姿勢に戻り、反対側も同様に行なう

腰の位置を
キープ
こめかみを
床につける
ハー
口から吐き出す
手のひらは上に向け、指先を遠くに伸ばす

肩甲骨のストレッチです。
体が縮こまっていると感じる時に
やると気持ちいいですよ

スワン＆スリーピングスワン

股関節とお尻を伸ばし、柔軟性を高めるポーズ。
上体を倒す時に体全体が伸びるので、リラックスできます。

回数の目安　左右各1〜3回

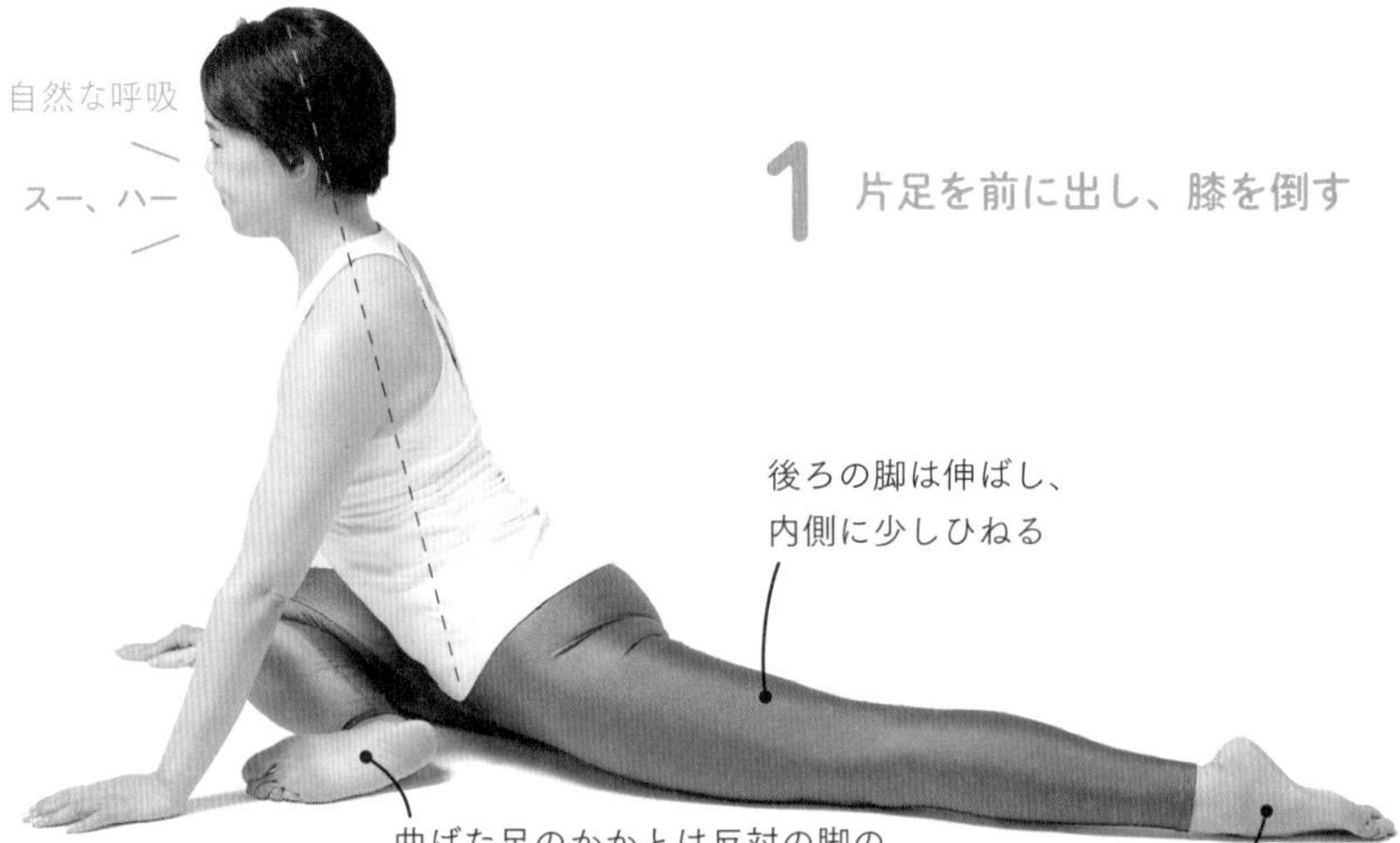
自然な呼吸
スー、ハー
後ろの脚は伸ばし、
内側に少しひねる
曲げた足のかかとは反対の脚の
付け根に近づける
足の甲は床につける

1 片足を前に出し、膝を倒す

口から吸い込む
スー
背中が
丸まらないように
骨盤を立てて、
上体が沈んでいく感覚
お尻が床から
浮かないように

2 背筋を伸ばし、骨盤を立てる

3 上体を前に倒し、30秒キープする。1の姿勢に戻り、反対側も同様に行なう

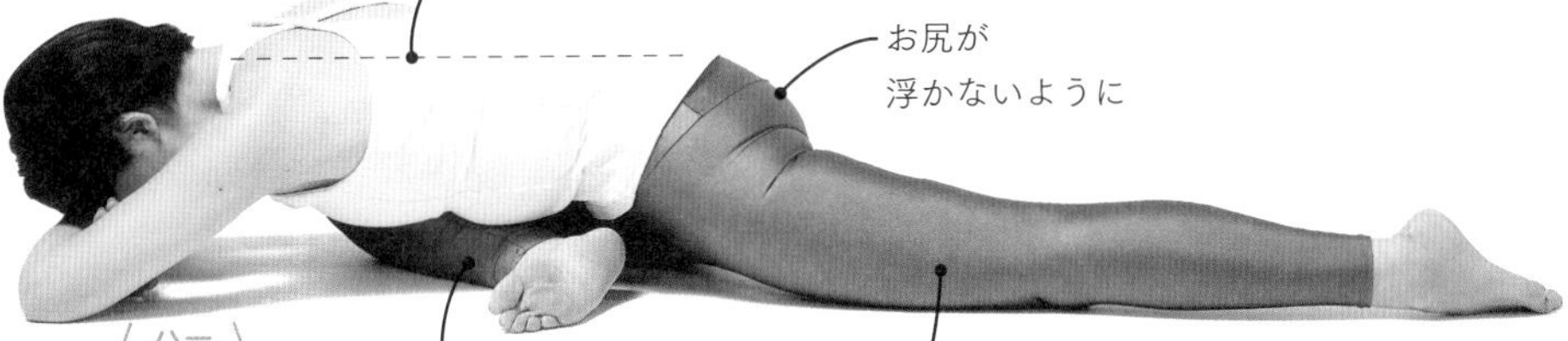
背中を伸ばす
お尻が
浮かないように
ハー
口から吐き出す
足を胸に
くっつけるように
後ろの脚にも体重をのせる

難しい場合は…

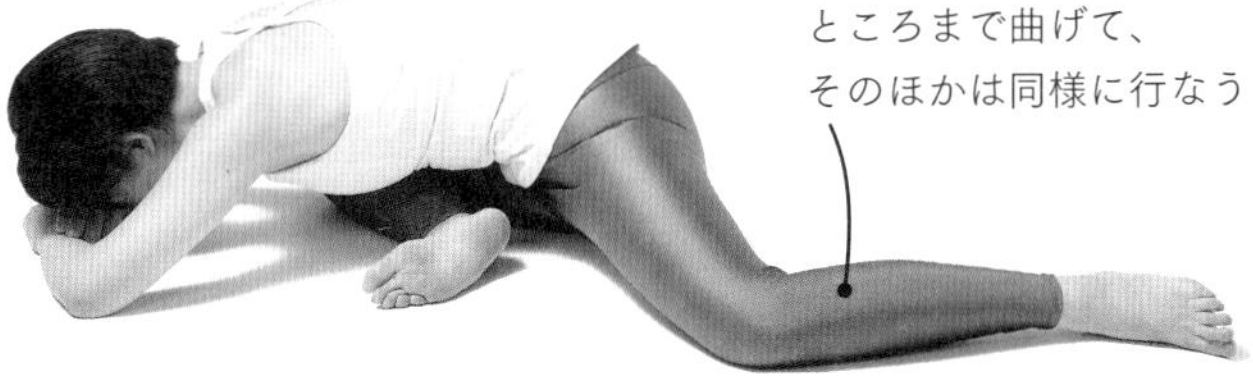
伸ばした脚をきつくない
ところまで曲げて、
そのほかは同様に行なう

無理をせず、
痛気持ちいいくらいを
目安に行なって

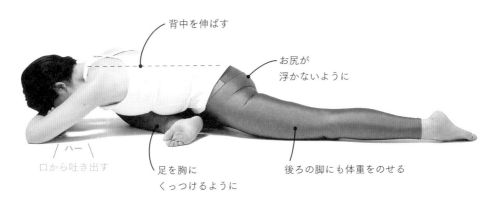

＼宅トレにおすすめ！／

ねこくらお気に入りのYouTube動画

私がいつも見ながら行なっている、トレーニング動画を紹介します。
毎日同じプログラムを行なうのではなく、「今日は上半身」「今日は下半身」など、
鍛える部位を変えるようにするのがおすすめです。

上半身に効く動画

BOOST ATHLETESの「１週間腹筋プログラム」

https://www.youtube.com/watch?v=5FcWbjm6c-g

おすすめポイント １週間のうち５日行なうメニューが組まれています。筋トレ初心者が知っておきたい知識や、トレーニングのフォームもしっかり解説。これを１ヵ月やるだけでも効果あり。

Momomiの「【1日4分】落ちづらい下腹部の脂肪燃焼 ぽっこり下腹を引き締める集中トレーニング！」

https://www.youtube.com/watch?v=DRYU4e5zupI

おすすめポイント たった４分の下腹部集中プログラムなので、強度は高いが、初心者でもなんとかがんばれそう。短時間でしっかり効くトレーニングが凝縮されていて、行なうだけでも達成感あり。

BEST BODY LIFEの「【“2 in 1”二の腕と背中を鍛えて10分間でくびれボディ】二の腕のたるみと背中のはみ肉（脇のお肉）スッキリ解消トレーニング」

https://www.youtube.com/watch?v=ZD8wLk_VSAU

おすすめポイント 10分間で一気に２部位を鍛えられるというプログラム。こちらの二の腕のたるみと背中のはみ肉の２部位に効かせるトレーニングが、私のお気に入り。

下半身に効く動画

のがちゃんねる の「【5日で変化】30日で効率良くお尻を上げ引締めるトレーニング」

https://youtu.be/yL9yRJIMqQ8

おすすめポイント お尻が上がる６分30秒ほどのプログラム。いろいろな角度の動画が入っているので、初心者でも正しいフォームを理解しやすい。解説もしっかり入っていて、しっかり効く！

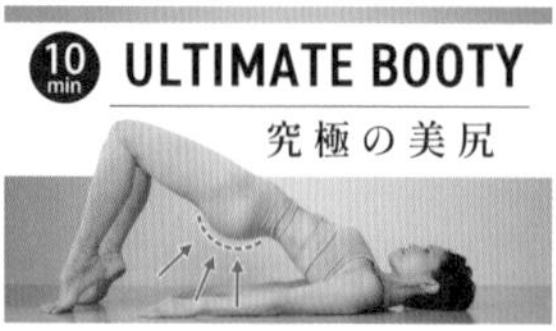

B-lifeの「【10分で変わる】お尻がみるみる引き締まる究極の美尻トレ」

https://youtu.be/zTsJPqQ09yo

おすすめポイント 最初に「産後ダイエット」のビフォー・アフター動画が入っていて、説得力と期待感が高まる。先生の動きが美しく、わかりやすいので、やっていて楽しい。

**B-lifeの「効果絶大の脚やせ！
体全体を脂肪燃焼し、モデル体型に」**

https://youtu.be/vEZZaBB7NqU

おすすめポイント 1種目50秒の強度が高めのトレーニングを、10秒休憩しながら行なう脂肪燃焼効果の高いHIITプログラム。とてもキツイけれど効果抜群で、いまも時々行なっています。

ダンスプログラム動画

**カラダほぐしチャンネルの「【13分間楽踊！】K-POP
セレクトメドレーで楽しく痩せるエアロビクスダンス」**

https://www.youtube.com/watch?v=f1Ci6FZdJac

おすすめポイント K-POPの曲で踊り続けるエアロビクスプログラム。BTS、NiziU、TWICEなど、なじみのあるヒットソングばかりなので、ノリノリで行なえてあっという間に終わります。

ストレッチ動画

**石井亜美AmiIshiiの「しなやかな体を作る毎日の９分間
ストレッチ【柔軟性を高めて代謝UP】」**

https://youtu.be/LXzpn0jN8Bg

おすすめポイント 柔軟性を高めることで代謝がアップし、姿勢改善や脚やせ効果、美肌効果もあるという、女性にうれしいプログラム。体がかたくてもやりやすく、体の伸びがとても気持ちいい。

**オガトレの「【全身すっきり】お風呂上がりの20分間
ストレッチ！【Night routine】」**

https://youtu.be/JdPVMVfmdzc

おすすめポイント 汗をかける全身ストレッチ。「いきなりの筋トレ習慣はハードルが高い」という人は、このプログラムを毎日やるだけでも十分効果が出ると思います。

**ねこくらりえch／元82kgのダイエット主婦の
「【運動初心者のカラダの土台作り】
全身ストレッチ&エクササイズで整える/毎日やろう」**

https://youtu.be/HrhTuCL-xwY

おすすめポイント 運動初心者や、長く運動を休んでいた方のかたくなった関節をなめらかに動かせるように考えた私のYouTubeです。全身のストレッチとエクササイズで筋肉の柔軟性を取り戻して。

こちらのYouTubeに
アクセスしやすいように
リンクをまとめています

運動嫌いでも宅トレが続いたコツ

私は元々、運動が大嫌いでした。Ｉｎｓｔａｇｒａｍの、よろよろと宅トレする昔の姿を見ていただければ、一目瞭然です。でもこの3年は人生で初めて、運動が日常化しています。挫折しないマインド作りやサボりたくなった時の回復法など、私が続けられたコツをまとめてみました。

週4日・3ヵ月だけやると決めた

運動が苦手だった私が、やみくもに続けるのは無理だとわかっていたので、科学的根拠（P30）をもとに、まずは運動を日々の習慣にすることを意識しました。私は「週4日・3ヵ月」宅トレすることを設定。「ひとまず一生のうちのこの期間だけ、とにかくやる」と決めたのです。期限があるだけで踏ん張れるし、昔は信じられなかった「体を動かさないと気持ち悪い」という感覚を、続けるほどに実感するようになっていきました。

気分がのらなくてもヨガマットを敷き、運動着に着替えた

とにかくヨガマットを敷いて、トレーニング用の服に着替えます。こうすることで、見慣れた部屋の一角が宅トレ専用のエリアになり、着替えるという動作で、徐々にスイッチが入ります。スポーツウェアを用意しなくても大丈夫。私も当初は、着古した部屋着で運動していました。もちろん、おしゃれなウェアでモチベーションをアップしても楽しいですね。ただし、スポーツブラなど、バストの揺れを押さえるインナーの着用を。バストが垂れるのを防いでくれます。

気分が上がる動画でウォームアップ

宅トレに入る前に、ウォーミングアップ系の動画を流しながら準備運動を。軽く心拍数を上げて、先に体を目覚めさせます。私もまずは決まった動画を流して、お馴染《なじ》みのBGMを聴くことで、自然と運動モードに切り替えるようにしていました。

やる気をあてにしなかった

「やる気がなくてもやる！」です。そもそもやる気なんて、スタート初日がピークです。あとはどんどん落ちていくだけ。やる気に頼るから三日坊主どころか一日坊主になるのです。やる、や

らないをやる気で決めていたら私は3年も続けることができませんでした。それでもやる気が起きない時は「やれば終わる」とつぶやきながら、心を無にして体を動かしていました。

最初から見返りを求めすぎなかった

「このトレーニングなら1週間でお腹がへこむ」など、魅力的なタイトルの動画は山ほどありますが、私は鵜呑みにしませんでした。「世の中のみんなが1週間で変わっても、私の体なら何ヵ月もかかって当然」と言い聞かせ、すぐに変化しなくても落ち込まないようにしていました。

〈サボりたくなった時の回復法3ステップ〉

①とにかく1分だけ動いてみる

「メニューを完璧にこなさなければ」と意気込まないで、まずは1分でいいので体を動かしてみましょう。はじめてしまえば、意外と「もう少しやってみようか」と勢いがつくもの。たとえ1分で終わったとしてもOK。短い時間でも続けることのほうが大事です。

②ストレッチだけでもいい

生理中や仕事で疲れている時など、ハードな運動がどうしてもイヤならストレッチで十分。ストレッチも立派な運動です。以前、ダイエット中に腰を痛めて1ヵ月近く宅トレができなかった期間は、ストレッチだけをしていました（それでもサイズダウンしてびっくり！）。筋肉や関節を柔軟にして体の可動域を広げることで、宅トレの効果も高まります。

③それでもダメなら休む

ウェアに着替えても、ウォーミングアップをしてみても、ストレッチさえ無理な日もある。それはもう休むべき日だと割り切りましょう。ただし、その休みは明日の自分ががんばるための前向きな休みです。できなかった自分を決して責めないこと。

宅トレ初期は、期待が大きい分、少しでもうまくいかないと「やっぱり私はダメだ」とネガティブになりやすい時期でもあります。自分を励ましながら、挫折させないようデリケートに扱いましょう。ハードルを下げ、1回しかできなくても「今日もできた！」と自分を褒めること。小さな成功体験を重ね、「この達成感を明日もゲットしよう」と思わせることが大事です。

☑運動の恩恵は継続の先にしかない！　挫折を回避して続けられる工夫を

ビフォー写真を残そう

私のInstagramには、82kgあったころとやせた今の両方の姿をアップしているので、その変貌ぶりを目に留めてくださる方も多いと思います。

そもそも、太っていたころの写真はSNSのために撮ったのではなく、ダイエットの記録として密かに保存していたものでしたが、結果として、これがダイエット効果を上げる、すごくいいツールになりました。

写真だと、体の状態を客観的に見ることができるし、スタートから数ヵ月分を並べれば、どのパーツがどんなふうに変化しているかを俯瞰《ふかん》で見られます。

月に1度か2度、できるだけボディラインが出るウェアを着て、同じアングルから体の前・後ろ・横の写真を撮り

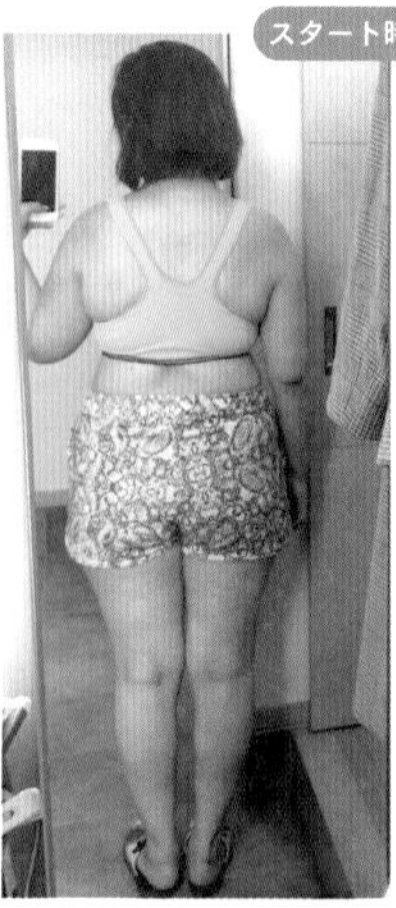

普段目にしない、背後からの写真に現実を見る……。

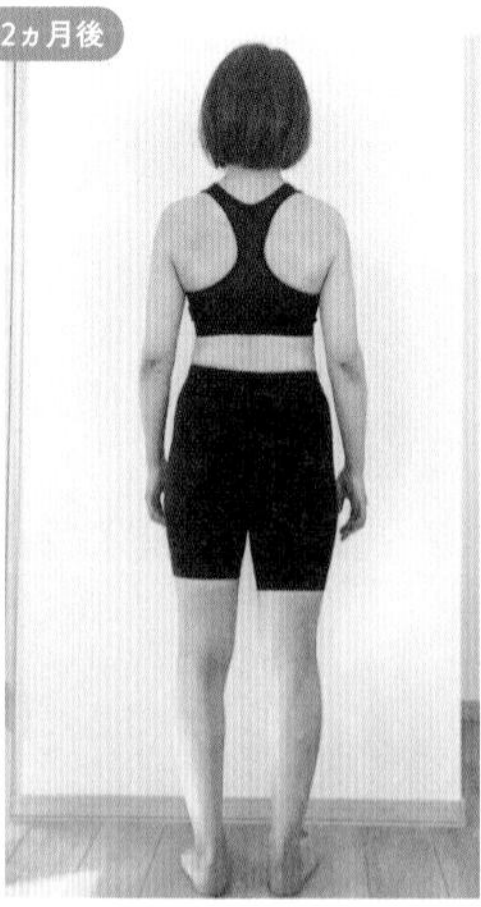

脂肪が落ちにくい背中がすっきりしてくるとやせを実感！

ましょう。

スマホで撮れば、保管も閲覧も手軽。長引く停滞期でくじけそうな時は、昔と今の写真を比べてみてください。「体重は大して変わらないのに、顔が少しほっそりしてきた」とか「何だか肌がキレイ」とか、何かしらの前進が見えれば安心できるはずです。

写真を撮ったついでに、ぜひボディサイズも測ってみてください。

「体重は大して変わらない。見た目もまったく変化なし。なのに今月は太ももが1㎝細くなってる」ということはよくあることで、生理前などは「顔がむくんで体重も増えてる！　でも、ボディサイズはそのまま」なんてケースも。

要するに、ダイエットの成果は、体重（推移グラフ）・見た目（写真）・ボディサイズ（詳細データ）の三位一体で見ることが大切なのです。

体重・見た目・ボディサイズの記録をしょっちゅうスマホで見ていました（Instagramより）。

☑今の姿は最高のビフォー素材。さあ、最高のアフターに会いにいこう！

ダイエットを成功させる15のQ&A

Q 1 料理が苦手ですが、ダイエットできますか？

A コンビニやスーパーのお惣菜も上手に利用して

最初は、料理することより食べる内容を変えることに意識を向けて。コンビニやスーパーでもよく見かけるPFCバランスを表示した食品を利用したり、本書で紹介している「やせるごはんの味方食材」（P44）は、単品でもおかずになり、和洋中と幅広く料理のアレンジがきくので、上手に活用してみてくださいね。

Q 2 家族の食事はどうしたらよいでしょうか？

A 食べ方を工夫すれば一緒に楽しめます

食べる回数と量を適量にすれば、基本的に何を食べてもOKなので、例えばメイン料理は自分の分を少なくして翌日の昼食で食べたり、鶏肉なら自分のものは皮を除くなどすれば、同じメニューを楽しめます。さりげなく、カロリーや脂質を調整してみましょう。野菜を多く使った常備菜（P70）は、家族の副菜やお弁当にも大活躍！

Q 3 オートミールが苦手です。ほかの食品に置き換えられますか？

A 炊いた玄米でもOKです

いろいろな種類のオートミールが売られていますが、匂いやベタベタした食感が苦手な方は、粒を生かしたロールドオーツがおすすめです。匂いが少なく、もちもちとした食感に仕上がって食べやすさもアップ。それでも苦手という方は、オートミール30gを、炊いた玄米100gに置き換えてみましょう。

食事編

Q 4　あすけんを使わなくてもできますか？

A　別のアプリでももちろんOK

あすけんは、毎日の食生活の記録と分析が一括管理できる、おすすめのダイエットツールですが、同じような目的のソフトを使っても問題ありません。また、本書を活用しながらノートに食事内容を記録していくやり方でも、栄養分析をする手間は少々かかりますが、ダイエット効果は変わりません。

Q 5　お酒との上手な付き合い方は？

A　平日はノンアルコールがおすすめです

私も昔は毎晩飲んでいましたが、ダイエットを機に、平日はノンアルコール飲料への置き換えを実践中です。結構満足できますよ。また、必ずしも断酒しなくてもOK。私は、缶ビールなら500㎖を１缶、ワインならグラス２杯、日本酒なら１合までを限度に、週に１～２回は飲んでもいいことにしています。

Q 6　食改善は、何からはじめたらいいですか？

A　食べる量を量ることから

普段、何をどれくらいの量食べているのかを量ってみましょう。あすけんで提示される１人分は、ご飯で100～150g、肉だと100gと意外と少ないんです。私もご飯は量っておいて冷凍保存しています。まずは栄養学的に正しい量の感覚をすり込みましょう。ちなみに私は１人分のつもりで２人分食べていたことに、量ってみてようやく気づけました。

Q 7 旅行やお正月などイベント時の食事はどうしたらいい？

A 優先させたいほうを選んで

一年に１度や２度、または数日間ごちそうを食べてもすぐに脂肪に変わることはありません。イベント後にヘルシーなごはんに戻せば、時間がかかっても元の体重に戻ります。旅先では、可能なら野菜料理が食べられるレストランを選んだり、観光地を歩いたりすれば思い出にもなって一石二鳥。ダイエット優先の場合は、食べる以外の楽しみを思い切り満喫しましょう。

Q 8 運動が苦手ですが、ダイエットできますか？

A 生活の中でこまめに、たくさん動くようにして

最初からはりきると体を痛める原因になりかねないので、無理は禁物（私も膝を痛めました……）。とにかく座ったままの時間を短くすることからスタートしましょう。なるべく階段を使う、ひと駅分を歩く、体の部位を意識しながら掃除するなど、日常生活の活動量を上げてコツコツ積み重ねれば、１時間のトレーニングにも負けない運動量になります。

Q 9 マンション住まいです。音を立てずに宅トレはできますか？

A 自重トレーニングがおすすめです

運動器具を使わず自分の体重を負荷にしてできる自重トレーニングなら、跳んだり跳ねたりすることもなく、騒音の心配はいりません。激しい動きはありませんが、ヨガやストレッチと同様、しなやかな体づくりの手助けになります。本書でもおすすめの自重トレーニング（P92～）をご紹介しています。

運動編

Q 10　ダイエットを成功させる鍵は食事？ 運動？

A　ほとんどの人は食事です

運動だけで１kgの脂肪を消費するには約7000kcalのエネルギーが必要です。例えば、体重60kgの人が毎日３km走っても脂肪を１kg落とすには40日間もかかります。だから食事で調整したほうがずっと早いです。とはいえ、運動は筋肉量の減少を防いで脂肪を効率よく燃やす手助けになります。自律神経も整い、やせやすくしてくれるので、食事と並行して行なうと効果的です。

Q 11　生理時の運動はどうしたらいい？

A　体の声に従いましょう

生理中は決められたメニューにこだわらず、体調を優先させてください。不快さがなければ、横になって深呼吸しながら、ヨガやストレッチなどで体をほぐすのもおすすめです。辛い場合は、運動を１日や２日休んだって急に太るなんてこともありませんから、体の声を聞いてのんびり過ごして。

Q 12　子育てや仕事に忙しく、運動する体力がない時は？

A　休息を取るのもダイエットの一環です

しっかり眠って、疲れを取ることからダイエットをはじめましょう。十分な睡眠時間を取ると、成長ホルモンが多く分泌され脂肪を分解し、筋肉を作ります。逆に寝不足が続くと筋肉の分解を促進するホルモンの分泌が多くなり、脂肪が落ちなくなると言われています。食欲の乱れにも影響力大。良質な睡眠は、健康的なダイエットの基盤なのです。

Q 13 ダイエットで三日坊主を防ぐには？

A 食事も運動も完璧を求めないこと

決めごとのハードルをぐっと下げることが継続の秘訣。例えば運動は5分だけで終わってもOK。「続けること」がこのダイエットの肝なのです。食事は朝のメニューを固定化したり、運動は帰宅したら食事前に3分だけやるなど、なるべく簡易化して、日常生活に組み込んでみるのもおすすめです。

Q 14 やる気が続かない人へのアドバイスはありますか？

A やる気がないのが普通です！

やる気は最初がピーク。やる気がないのが普通と腹を括《くく》りましょう。そもそもダイエットは、やる気ではどうこうなりません。やる気がなくてもやれることを設定するところからです。まずは3ヵ月だけ、と期間を決めてひとがんばりしてみませんか？

Q 15 60歳でもやせて変われますか？

A 変われます！　年齢は関係ありません

年齢にかかわらず、たくさんのフォロワーさんがダイエットに成功し、人生を変えていく様子を何度も目撃しています（私の母も70歳で15kgやせた！）。若いころに比べて代謝が落ちる分、ペースはゆっくりかもしれませんが、運動と食事の両方からのアプローチで、健康的に若々しくやせることは可能です。

Chapter 4

やせてからの心・体・暮らし

体調の変化・冷えが消えてる！

このダイエットを経て、やせた以外にも改善したことはたくさんありますが、アラフォーだからこそお伝えできる、私の変化をまとめました。

冷え性がなおった

ものすごく寒がりで冷え性だったのですが、筋肉がつきはじめたころから体質が変わったのか、暑がりになりました。今はほぼ一年中、部屋ではランニングかTシャツで過ごしているほど。そしてちゃんと汗が出るようになりました。ちなみに風邪はこの3年間一度もひいていません。

膝の痛みが消えた

恐怖だった起き抜けの階段（以前は膝が痛くて昇りも降りも辛かった）も、スイスイトントン降りられるように。これは体重という重りが軽くなったのと、しなやかな筋肉のおかげと推測します。

頭痛薬を手放せた

以前はひどい頭痛持ちで、痛みで吐いてしまうほどでした。常に頭痛薬を持ち歩いていたのが、少しずつ頭痛の回数が減って、気づけば薬の存在を忘れていました。

肩こりが随分よくなった

青あざができるほど圧力をかけてマッサージをしてもらっても、ガッチガチだった肩と首が、本当にやわらかくなりました。日々の運動で血行がよくなっているのとストレッチの賜物《たまもの》。加齢とともにこわばってくる筋肉や関節をしっかり動かして、可動域を広げることはとても重要です。

髪質がよくなった

ダイエット開始から半年たったころ、美容師さんから毎回髪を褒められるようになったんです。毛先の傷みやうねりがなくなり、艶が出て、抜け毛も減少。ちなみに常に吹き出ものが噴火していた肌質も改善。いずれも、たんぱく質を積極的にとっている効果かもしれません。

来るべき更年期の備えができた

これは運動、特にヨガの効果が大きいと思います。メンタルが揺らぐ時にヨガをすると、自律神経が整い、気持ちが軽くなります。ゆっくり呼吸をしながら体に心地よさを与えると、心が喜ぶ。そんな感覚です。これから迎える更年期の支えになってくれそうな予感大！

早起きができるようになった

子どものころから朝は大の苦手だったのに、7時には自然と起きられるようになりました。しかも以前は起きてから1時間は、ぼーっとして頭も体も動かなかったのが、ちゃんと目覚めているなと感じられるほどに。私にとっては大変化です。

イライラしなくなった

ダイエットに関係ある？と言われそうですが、大いに関係していると思います。以前は予期せぬ出来事やペースを乱されることに対してイライラしがちだったのが（特に夫に対して）、今はそういったイライラはほぼゼロです。きちんと栄養をとれていることと、日々やるべきことをやっている充実感のおかげだと思います。夫婦喧嘩も全然しなくなりました。

これがダイエットでトータル25kg減量した41歳現在の正直な感想です。やせて顔が小さくなったせいで小ジワが気になる、という残念なおまけ付きですが、それ以上に表情が明るく顔色もよくなって「なんか若返ったね」と言われることも。

年齢を重ねると、「日々の体調がよい」「気持ちが前向き」ということが、これ以上ない幸せなのだと痛感します。

☑ シワの深さは人生の深さ。心身のすこやかさの前ではささいなこと

見た目の変化とおしゃれ

ダイエット開始から半年ほどたったある日のこと。コロナ禍に派遣切りとなった職場から復帰の話がありました。久しぶりに以前の制服を着てみると、これがもうブカブカ！　うれしくて動画も撮ったのですが（どこかのCMみたいにスカートをくるくる回転させてみた！）、その時で15kg以上やせていて、ベストは17号から11号へ、3サイズも小さくなっていました。

久しぶりに職場に行くと一緒に働いていた人が私を見て「知らない人がいる」と言っていたり、誰一人すぐには私とわからないという面白い状況に。「私、本当にやせたんだなあ」ってようやく実感した瞬間でもありました。家の中にずっといた時は、ここまで感じられなかったので、胸がいっぱいになりました。

スタートから9ヵ月後（19kg減）には、なんとMサイズのハイウエストパンツを購入。Mサイズなんて中学生以来です。ふくらはぎでつかえていたロングブーツがスルッと履けるようになったり、20代のころに買った細身のロングコートにも袖が通ります。

以前にも過酷な食事制限で同じ体重までやせたことはありましたが、その時よりもぐっと引き

締まっていることに驚きです。まさに宅トレ効果！

さらに11ヵ月後、トータルで21kgやせると、次々と体のパーツがサイズダウンしていき、人生初の「着たいものを着られる私」を満喫。まさか私が試着室で、「色違いも着てみていいですか？」なんて言える日が来るとは。小さな幸せを感じます。

デニムなどは、部分的に体のラインを出すほうがきゃしゃに見えるんだなとか、そういう着こなしの発見も楽しい。

こうしてマイナス25kgへ到達した現在はというと、ユニクロのシンプルなアイテムを着ても、それなりに見えることがうれしいです。

筋肉は最高のコルセット、または最高のファッション、なんて名言もありますが、宅トレで程よく引き締まって、体幹が強くなり姿勢が整うと、服のイメージ以上に印象は変わりますよ。

☑ 背筋を伸ばしてハツラツと。それが最強のおしゃれ

人と会うのが楽しくなった

先日、SNS上で交流のあったあるインスタグラマーさんから、「お会いしたいです」とダイレクトメールをいただいた時のこと。うれしくてすぐに「会いましょう！」と返信した後、私はじんわりと感動していました。こんなこと、やせる前の自分なら、まず無理だったでしょう。

やせる前は、基本的になんやかや理由をつけて、人と会うことを避けていました。人といると、ましてや初めての人が一緒だと、つい「この人、私のこと、太っていると思ってるかな」と疑心暗鬼になるクセがあったからです。

海外に住んでいる親友が久しぶりに帰国する時でさえ、会いたい気持ちはあるのに、「前回会った時よりもかなり太ってしまった」ことのほうが気になって、会うのをためらうほど。

結局、約束した日の直前にファスティング用のスープだけを飲んで、2kgくらい減量してギリギリ会う勇気が持てる、みたいに、心のフットワークがとても重かったんです。

私のSNSアカウントには、かつての私と同じように「人の目が気になる」「自分の姿が嫌い」というコメントがたくさん寄せられます。どうしたらいいか、という相談にお伝えしたいのは、「人はそこまで他人に興味がないよ。それより、自分が自分を認められる毎日を過ごそう」ってことです。

ダイエットと一緒に、過剰に膨れ上がった自意識も小さくしていきましょう。何か一つでも行動することで、たとえ体重が落ちなくても、自分のために努力しているんだという自信が、人に与える印象も変えてくれます。

会いたい人に会えること。「初めまして」が目を見て言えること。これほど心が軽いことはないなと今の私は思います。

もちろん、今も人見知りは発動しますが、単に距離を測り合うのに緊張するだけであって、以前のような妄想はもうありません。

☑ 本当のダイエットは心も軽くしてくれる

フットワークの軽さは、人生を何倍も面白くする！

正直者の夫の反応

私のSNSで取ったアンケートでは、「パートナーにダイエットの成果を認めてほしい」と願う人はなんと全体の62%。この結果にはとても驚きました。

個人的には、女友達の「やせたね！」という反応は欲しいけれど、夫のリアクションにはあまり期待をしていない、というのが正直なところです。

よく「デブって馬鹿にする旦那を見返したくて」と、ダイエットをはじめる方がいらっしゃいますが、私にとって今回のダイエットはあくまで自分ごとでした。

私の夫は元々、仏みたいに穏やかな人です。人と人を比べることもないし、人と自分を比べて落ち込むこともないそうです。私が10kgやせたくらいじゃまったく変化に気づかないほど、よくいえば鈍感力に優れ、まだぽんぽこりんだった私のお腹を毎日のように見せられては、「これ、腹筋、うっすら割れてない？」という問いに「わ、割れてない……！」と答えてしまう、無類の正直者でもあります。

ただし、82kgでトレーニングをはじめた時と、25kgやせた現在のトレーニング姿を比較した動画を見せた時は、さすがに、「りえちゃん、こんなに太ってたんだね。がんばったんだね」と、目をうるうるさせておりました。そんな夫自身も、私がやせるごはんに変えた影響で、5kgやせました（昼も私が作ったお弁当を持たせるので、量は違っても8割は私と同じ食事内容なのです）。

敏感に変化に気づいたり、サービス込みで褒めてくれたりはしないけれど、逆に、ダイエットに失敗してどんどん増量していった時代も、決して妻を揶揄《やゆ》したりはしなかった夫。

そして、いついかなる時も、私に「撮って」と言われれば黙ってカメラを構えて、トレーニングの様子やK-POPダンスを踊る様子を撮影してくれたり、私の目の届かない所へお菓子を隠してくれたりと常に協力的だった我が夫よ。

肥える時もやせている時も、変わらず接してくれたことに、心から感謝しています。

☑誰のためでもなく自分のために、やるのみ！

まだやせてなくても楽しそうな私（撮影：夫）。

やせるのは何のため？

ダイエットは自分をいたわること

以前、フォロワーさんから「りえさんにとって、ダイエットとは？」と聞かれて、こう答えました。「決して自分を傷つけず、励まし、いたわり、愛すること」（ちょっとカッコつけすぎた自覚あり）。

一人一人体は違っていて、年齢を重ねながら、その時々でコンディションも変わります。食生活の乱れなど、さまざまな要因から太ってしまった体を、栄養や運動や温かい言葉で「励まし、いたわり、愛する」行為こそがダイエットなんじゃないかと、今の私は本気で感じています。

実際、私はダイエットをはじめてからこれまでの3年間、人生で一番自分を励まして盛り上げて、細かいデータを取りながら、心と体がくじけることのないようにとても気を配りました。

それまでは、ちょっとでもうまくいかないと「私って本当にだめだ」。少しでもモチベーションが下がると「本当に根性がない」。すぐに効果が見えないと「やっても無駄だ」と頭の中で言い続けてましたが、考えてみれば、そんなふうにうまくいかない自分をなじり続けることは、いつも傷つけてくるいじめっ子を心の中にのさばらせているようなものです。

もっと自分を褒めましょうよ。心が折れて挫折してしまわないように励ましてあげましょう。私たちが四六時中一緒にいるのは、親でも子でもパートナーでもありません。自分自身です。

そして、「今日もよくやった！」と自分がうれしくなる言葉をかけられるよう、ささやかでも毎日決めたことをやりきって、小さな成功体験をプレゼントし続けましょう。

これが、「挫折のプロ」から「継続のプロ」へ変わった私の、とっておきの秘訣です！

やせても幸せでないと意味がない

ダイエットのゴールは、幸せな自分になることです。

「目標体重になった」や「着たかった服が着られてうれしい」という喜びは、とってもよくわかります。とはいえ、そのキラキラした瞬間だけがダイエットのゴールではないはず。人生はその後も、シーズン2、3……と続いていきます。

理想通りにやせられたとしても、例えば人から食事に誘われるとイライラするとか、おいしそうな料理を見て「食べすぎて太るんじゃないか」と反射的にこわくなるとか、そんなメンタルでは、目の前の幸せを逃してしまうかもしれません。体重計の数値に一喜一憂して、それで一日の良し悪しが決まるなんて、なんだか人生がもったいない気がしませんか？

もしも、「やせる前のほうが幸せだったな」と感じるなら、一度ダイエットをリセットしましょう。自分の心と体がおいしいと感じられるものをゆっくり味わったり、本当に辛い時は運動もしっかり休んでみる。結果、多少太ったとしても、それは前進するための「休養」です。

おばあちゃんになっても、颯爽《さっそう》と

58kgになってから一度だけ、美容体重を目指して55kgくらいまで体重を落としたことがあります。ところがなってみると想像とは違って、ぺらっと薄くメリハリのない体つきに変わってしまい、ちょっとがっかり。そんなわけで、また食事を調整して、健康的だと言われるBMI値の標準体重の57～58kgに戻すことにしました。

実を言うと、昨年までは、「もう標準体重になったし、全然リバウンドもしないし、これを維持すればいいよね。楽勝！」なんて思っていたんです。ところが、不思議なもので維持しようとすると徐々に体重が増えていくんです。

そこに年末年始の暴飲暴食がたたり、あっという間に60kg台に。しかも、以前よりも体重の戻りが悪いこと……。それでも粛々と、あすけん、宅トレ、水飲み、しっかり睡眠を続けていたら、ちゃんとベスト体重まで戻りました。

今の目標は、とにかく一度は腹筋を割ってみたい。憧れの女優、ミシェル・ロドリゲスのような筋肉質で引き締まった体が理想です。

ボディメイクとなると、専門的な知識がそれなりに必要なので、現在は宅トレをベースに、ヨガの教室へ行ったり、ボディメイクのオンラインサロンで体の使い方を学ぶなど、やっぱりコツコツと継続中です。

「これから10年後、20年後は？」と聞かれたら。自分の体感で身も心も軽く暮らしていられるなら、体重は何kgでもいいと思っています。

さらにおばあちゃんと呼ばれる年齢になっても、一生続けられるダイエットを緩やかに続けながら、背筋をピンと伸ばして、かっこよく歩いていられたら最高です。

☑ダイエットのゴールは「幸せな自分」です

あとがき

ダイエットは生き直しだった

「これからの人生は思い出作りだ！」

25kgやせたダイエットをＳＮＳで発信しようと決めた時、ふとこんな言葉が心に浮かびました。

私には子どももいないし、次の世代へ何かを残すみたいな大仕事もない。せめて、おばあちゃんになった時に、ニヤニヤしながら思い返せるネタがいっぱいあるといいな。そんなふうに思ったんです。

きっかけは、たまたま見つけた10代のころの私の写真でした。劇団に所属しながら、役者になる夢を一心に追いかけていた、まさに青春時代の姿です。ぽっちゃりした容姿を酷くコンプレックスに感じていたはずなのに、写真の私はキラキラしていました。パツンとした体形も若さの象徴という感じで「かわいい」と、自然に思えたのです。

ということは、これからの人生で失敗したり、へこんだりすることがあったとしても、おばあちゃんになるころには、全部笑いとばせているのかもしれない。「全然うまくいかなかったけど、ああ、面白かった！」と。過去の出来事をどう意味付けるかは現在の自分次第ですから。

人生があとどれくらいあるのかわかりませんが、きっと生きている間は浮き沈みしたりしながらも、いろんなことに挑戦して、一生懸命やったことが鮮烈に記憶に残るんだろうと思います。ひとつひとつ鮮やかな思い出になるように、やりたいと思ったことをできる限りやる、と決めてから、私の生き方というか、選択はガラリと変わりました。

こんなに思考が軽やかになったのは、間違いなくダイエットのおかげです。やり遂げてくれた過去の自分に（たくさんの挫折をした自分にも）感謝しています。

人生を動かした人から先に成果物を得る

私が「38歳からでも変われました！」と言うと、「38歳はまだ若いですよ。だから変われたんですね」と、1、2歳しか変わらない方に言われることもあれば、「もうこの歳からじゃ変われない」って嘆く20代の方もいます。

いろいろな年代のフォロワーさんが行動して、どんどん変化していった様子をたくさん見てきた私は、もうズバリ言います！　人が変わるのに年齢は関係ありません。

「やせない」「時間がない」「我慢するのが辛い」など毎日たくさんのメッセージをもらいますが、みなさん何がしんどそうって「自信を失ってる」ことが一番しんどそうです。

新たに行動することは確かにしんどいかもしれませんが、「やらなきゃ、やらなきゃ」と焦りながらも「ああ、結局今日もできなかった」と、自分のラクなほうを取ってしまった後の精神的なしんどさは、少しずつ心を蝕《むしば》んでいきます。

だからこそ、自分が自分と交わした約束を守ること。例えば、一日5分の宅トレでも、食事を毎回記録することでもいい。毎日、小さな達成感を積み上げていきましょう。

82kgあったころの私も不恰好な姿でトレーニングをして汗をかき、肩で息をしながら「……私まだまだやるじゃん」と思えるようになって、心が救われていきました。

次第に、シンプルに自分のやりたいことへ「動ける力」がつくのを感じられると思います。それは単にやせる喜びより、もっと大きな自信につながります。私はダイエットをはじめてから、はっきりとそのことがわかりました。

人生は、動いた人から先に成果物がもらえるような仕組みになっていると思います。

焦らず虎視《こし》眈々《たんたん》と動きながら、その成果物を手にしましょう。

最後に。

この本を最後の最後まで読んでくださったみなさまへ。一歩踏み出すと決めた方も迷っている方も、愛を込めて「うちら（私たち）」と呼ばせてください。北の大地からエールを送ります。

「がんばれ、うちら。
うちらはまだまだ、やればやせるよ！」

２０２３年初夏　ねこくらりえ

ねこくら りえ

北海道生まれ、北海道在住。夫と３匹の猫と暮らす。物心ついてからずっと“ふっくら女子”として生きる。38歳の時「人生で一度くらい標準体重の自分に会ってみたい」と一念発起し、コロナ禍のステイホームに乗じて、家にいながらの人生最後のダイエットに取り組み、82kgから−25kgのダイエットに成功。自身のダイエット経験をSNSなどで発信し、共感を呼ぶ。
Instagram：@nekokurarie_diet

やればやせる！
38歳《さい》、挫折《ざせつ》のプロでも25kg減《げん》の続《つづ》けられるダイエット

2023年７月３日　初版発行
2024年８月10日　11版発行

著者／ねこくら りえ
発行者／山下 直久
発行／株式会社KADOKAWA
〒102-8177　東京都千代田区富士見2-13-3
電話0570-002-301（ナビダイヤル）
印刷所／TOPPANクロレ株式会社
製本所／TOPPANクロレ株式会社

●お問い合わせ
https://www.kadokawa.co.jp/（「お問い合わせ」へお進みください）
※内容によっては、お答えできない場合があります。
※サポートは日本国内のみとさせていただきます。
※Japanese text only
定価はカバーに表示してあります。

ISBN978-4-04-897576-6 C0077